写真　一之瀬ちひろ

自家製レシピ 目次

ホームメイドのすすめ……4

高山なおみさんの自家製レシピ……6

自家製

生いくらのしょう油漬け…8　玉ねぎドレッシング…10
焼き肉のタレ…11　満月玉子…12　ひたし大豆…14
大豆バター…17　煮豚と煮玉子…18　ソーセージ…20

展開レシピ

五目ちらし寿司…24　刺身サラダ…27
白菜コールスロー…28　長ねぎのトロトロマリネ…29
大根のサーモンと生ハム巻き…30
豚肉のしょうが焼き…31　プルコギ風炒めもの…32
満月玉子のクリームチーズディップ…34
ひたし大豆の洋風おつまみ…35
ひたし大豆のふわふわ玉子焼き…36
大豆バターのフルーツサンド…38　煮豚の炊き込みご飯…39
中華焼きそば…40　しょう油ラーメン…41
焼きソーセージ じゃがいものガレット添え…42

ケンタロウさんの自家製レシピ……44

自家製

ジェノバソース…46　干し大根…47
きゅうりとカリフラワーのピクルス…48
手打ちパスタ…50　コンビーフ…52　ポン酢…54
りんごジャムとオレンジマーマレード…56
アイスクリーム…58

展開レシピ

じゃがいもとベーコンのジェノバ風パスタ…60
鶏肉のジェノバ風ソテー…62　干し大根の漬けもの…64
干し大根と鶏肉の煮もの…65
白身魚のソテー タルタルソース添え…66
ピータンとピクルスの和えもの…67　ミートソースパスタ…68
えびとほうれん草のクリームソースパスタ…70
コンビーフのサンドイッチ…72　コンビーフの炊き込みご飯…73
うすカツのおろしポン酢がけ…74　刺身とセロリの和えもの…76
マーマレードパンケーキ…77　ヨーグルトレアケーキ…78
ベリーシェイク…80　チョコレートパフェ…81

デザイン
林 修三
畔柳仁昭
（リムラムデザイン）
新装保存版デザイン
細山田光宣 鎌内 文
（細山田デザイン事務所）
表紙写真 齋藤圭吾
表紙料理 飛田和緒
プリンティングディレクター 山口理一
（ＴＯＰＰＡＮクロレ株式会社）

飛田和緒さんの自家製レシピ……82

自家製

豚肉のリエット…84 えのきのしょう油煮…86
みょうがのしょう油煮…87 ツナ…88 塩きのこ…89
白菜キムチ…90 柚子こしょう…94 金柑の蜜煮…95
干し柿…96

展開レシピ

リエットのオムレツ…98 温野菜のリエット添え…100
なめたけの和えもの…101 みょうがの混ぜ寿司…102
鶏ソテーのみょうがソース…104 ツナサラダ…106
ツナのサンドイッチ…107 塩きのこのクリーム煮…108
塩きのこの炊き込みご飯…110 キムチの炒めもの…111
キムチチヂミ…112 柚子こしょうの和えもの…113
かぶとオイルサーディンの柚子こしょうグリル…114
金柑のオードブル…116 金柑茶 金柑のアイスクリーム添え…117
干し柿入りなます…118 干し柿と黒豆のブランデー和え…119

高山なおみさんの自家製のコツ……120
ケンタロウさんの自家製のコツ……122
飛田和緒さんの自家製のコツ……124

随筆

ポケットをたくさん 栗原はるみ 126
真味不只淡《しんみただたんにあらず》 神田裕行 127
森羅《しんら》サラダと魔女ドレッシング 桐島洋子 128
マダイの干物 嵐山光三郎 129
お酒漬けのドライフルーツ 伊藤まさこ 130
レモンづくし 森 まゆみ 131

絵 秋山 花

この本は２０１２年10月5日に刊行した、別冊『自家製レシピ 秋冬編』を書籍化したものです。

ホームメイドのすすめ

自分の手で作ることのおいしさと楽しさは、昔から家庭料理の大切な基本です。
「料理上手」なだけでなく、もう一歩、豊かな暮らしに近づくために、ホームメイドを始めましょう。

この本でご紹介する「自家製レシピ」とは、ふだんは市販品を買って料理に使うのがあたりまえ、というものを自分で手作りする方法、そしてそれを使った展開料理のレシピです。すなわち、保存食や作り置きのおかずの素、調味料やソース、漬けものなど。それは、素材にひと手間かけて、料理の素を作っておくこと。冷蔵庫や棚にそういった自家製食品のビン詰めや保存容器がいくつかあるだけで何かほっとしますし、台所が楽しい場所になります。そして実際、毎日の料理の助けになります。

最近ではあいまいになってしまった「旬」というものが、かつての家庭料理では大切にされていました。その素材が一番おいしい時季を逃さずに食べたり、保存食にしておいしさを閉じ込めたり。風物詩のような、季節ごとの台所仕事がありました。

『暮しの手帖』では、創刊当初からそうしたホームメイドの提案をしてきました。たとえば昭和29年の誌面では、「ジャムを作りましょう」という記事で、「イチゴの季節です。フランスの農家で昔からやっているしかも簡単な方法をご紹介しましょう」と、手作りのイチゴジャムのレシピを掲載しています。ほかの号でも、リンゴのジャムやスープのピューレー、自家製ソーセージの作り方などもご紹介しています。昔もいまもわたしたちは、ホームメイドが家庭料理のおいしさの大切な基本であると考えて、その豊かさをお伝えしています。

野菜や肉、魚、果物などの素材をそのまま調理するだけでなく、「素材と料理のあいだ」「料理の一歩手前」の食材を手作りすること。それが自家製食品作りです。そしてそれを家庭の味で、さまざまな料理に展開していくことこそが一番の魅力です。素材に深い味わいが加わって、手早く料理に生かせて、家庭の味のレパートリーが増える。そんな食卓こそが、豊かなのではないでしょうか。そして何より、この本でお伝えしたいのは、一から手作りすること自体が楽しい、ということです。いままで「買うのがあたりまえ」と思っていたものが、家でおいしく作れるという発見はとてもわくわくするものです。また、この本でご紹介しているレシピは、実は簡単、というものが中心です。なかには少し時間や手間がかかるものもありますが、特別な技術は必要ありません。実際に作ってみれば、案外手軽にできるものばかりです。

今回ご紹介したのは、レシピを教えてくださった3人の料理家の方々が、実際にふだん作られているものです。秋から冬へ、これから寒くなる季節。野菜や魚を干したり、漬けて発酵させたり、クツクツとじっくり煮込んだり。そんな料理に最適な時季です。おいしい自家製食品の入ったビン詰めや保存容器が、ひとつずつ増えていくごとに、豊かさを実感していただけます。初めての方もぜひ、気軽に作ってみてください。

◎この本で紹介しているレシピの分量は、カップ1杯は200㎖、大サジ1杯は15㎖、小サジ1杯は5㎖です。計量カップや計量スプーンで量りにくいものはグラム（g）やミリリットル（㎖）で示しました。

おいしいものを作るには、
人を思って手を動かすこと。
ずっと昔から、『暮しの手帖』が
お伝えしている大切なことです。

昭和32年一世紀42号

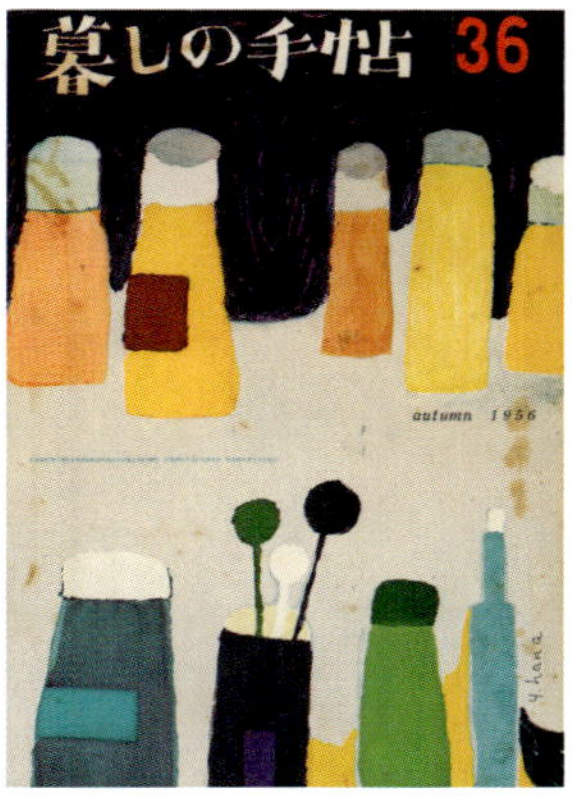

昭和31年一世紀36号

昭和29年一世紀24号

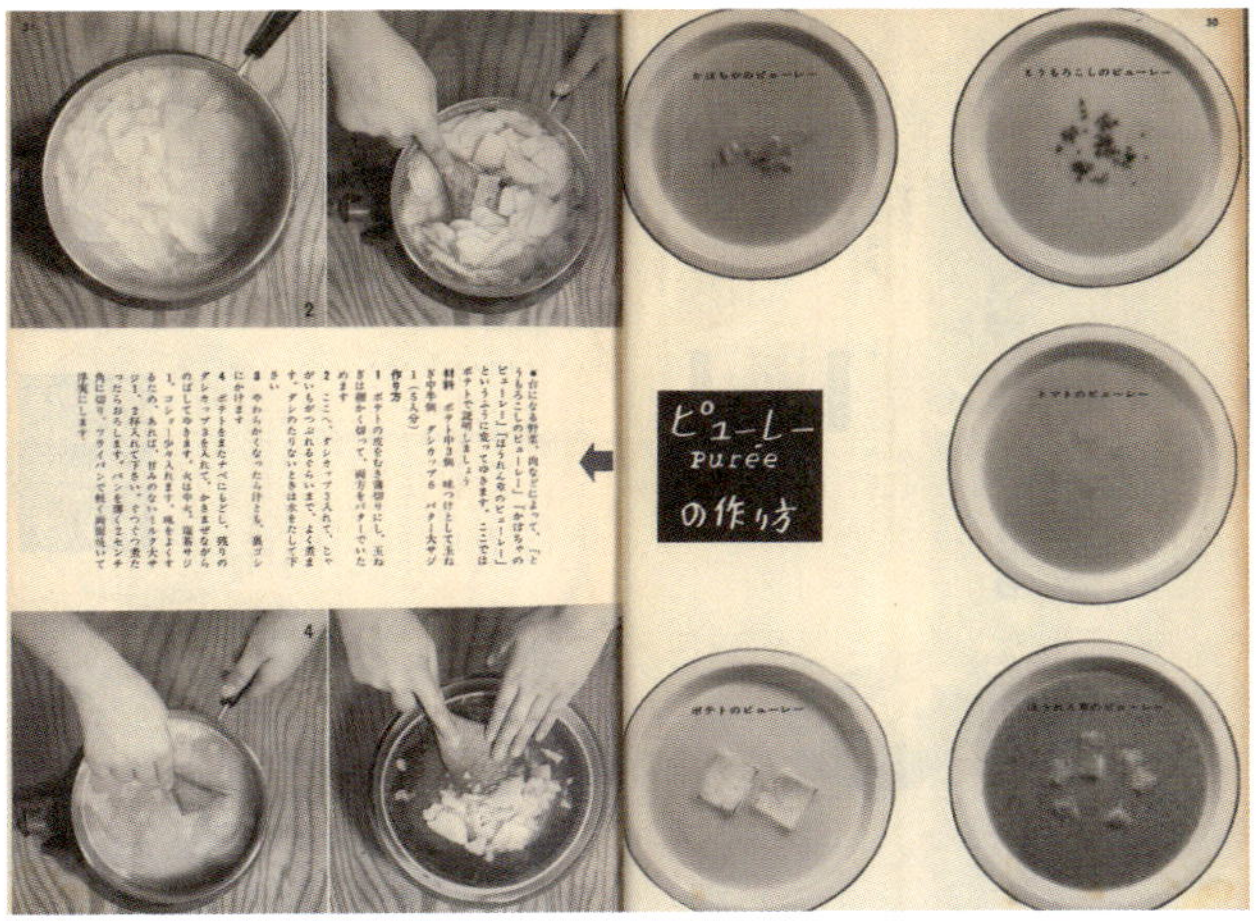

「ピューレーの作り方」(昭和31年36号)。「暮しの手帖の料理学校」という連続企画で、いろいろな家庭料理を、基礎からしっかりと解説しました。さまざまな野菜をていねいに裏漉しして煮込みます。

「ジャムを作りましょう」(昭和29年24号)。フランスの農家で作られている昔ながらの方法をご紹介。煮立たせた砂糖水の中でイチゴを煮詰めます。当時は保存性のため、イチゴと砂糖は同量にしました。

「わが家で手軽に作れるソーセージ」(昭和33年44号)。「大ていソーセージは買うものと、私たちはきめていますね。外国では、こうやって家でも作ります」。パラフィン紙で包んで蒸して作ります。

「リンゴのジャム」(昭和32年42号)。「暮しの手帖 料理研究室」という連続企画のひとつ。リンゴ中8個に砂糖260匁(975g)、酸味と赤みのある紅玉を使って色よく作るのがポイントです。

高山なおみさんの自家製レシピ

写真　齋藤圭吾（6〜43頁）　スタイリング　高橋みどり（8〜43頁）

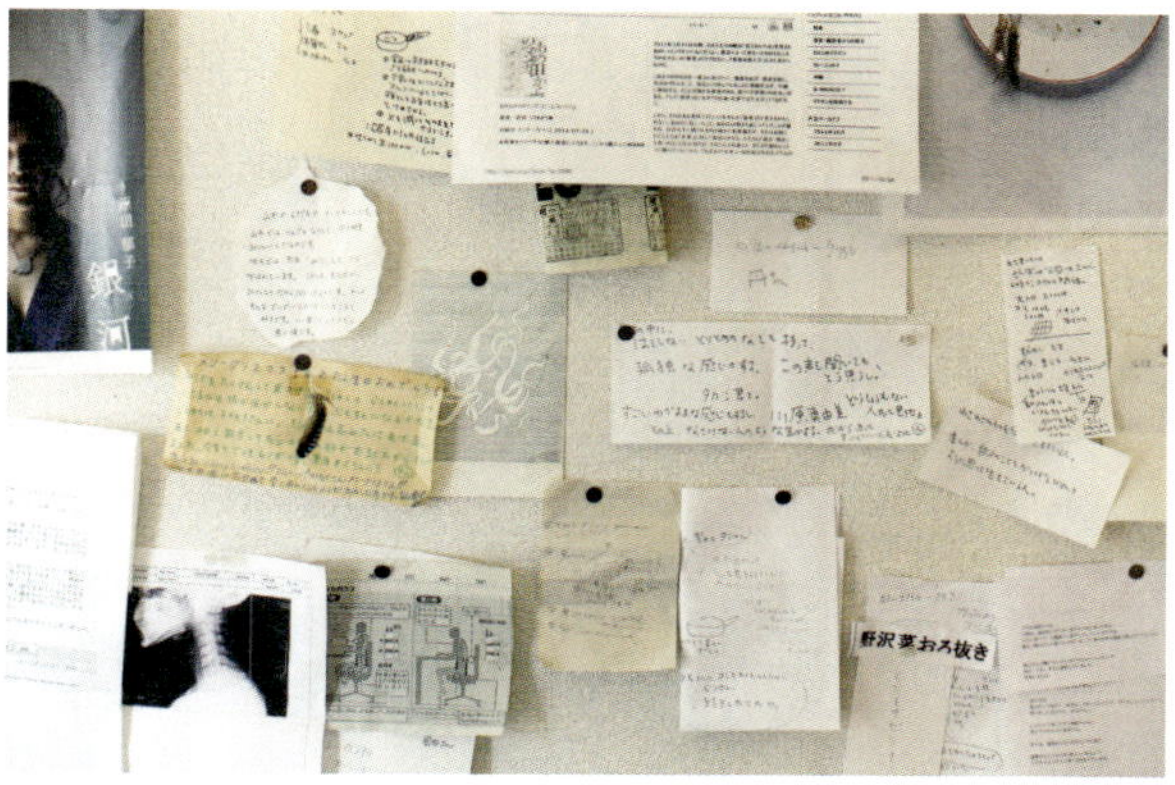

仕事机のかたわらの壁。レシピのメモが手紙やチラシに交じる。

保存容器をわざわざ買うことはなく、空きビンが大活躍。

台所道具は、手が届きやすいところに使い勝手よく並ぶ。

本や映画のなかの料理からレシピが生まれることも。

「わが家の味」を育てる喜び

自分の手で一から作ることには、実はそれほどこだわっていないのです。料理は「作らなくちゃ」と思ってしまうと、苦しくなるでしょう。たまには買ってきたお惣菜を楽しんでもいいし、インスタントラーメンが食べたくなることもある。わたしにとっては、そんな日々の食事のひとつとして、自家製があるんですね。

市販のポン酢にうす口しょう油とごま油を合わせてドレッシングにしたり、市販の焼き肉のタレにおろしにんにくを混ぜて活用することも、わが家の小さな自家製です。一方で、時間がどんと空いたときに、何か長く楽しめるものを作っておくのは豊かですね。

たとえば煮豚（18頁）は市販品も買えるけれど、手作りなら、自分の目や鼻で確かめた新鮮な素材を使うことができるから、安心で、いつ食べても飽きません。手料理が飽きがこないのは、家族や自分の好み、日々の体調に合わせた味つけにできるから。そう、それが「自分で作ること」の一番の理由だと思います。

家族がおいしいと喜んでくれる料理ができたら、分量などを忘れないうちにメモし、壁に貼っておきます。そうして記録しておいて、くり返し作っては新しい発見をしながら、レシピにまとめていく。今回ご紹介する料理のほとんどはそうやって生まれ、長く作り続けてきたものばかりです。満月玉子（12頁）や煮豚は、暮れになったら必ず作るわが家の定番なのですが、お決まりの味が毎年食卓にのぼって、またこの季節がめぐってきたんだなあと感じることは、生きる喜びのひとつですよね。

レシピというのは、「料理の型紙」のようなものです。初めはこの通りに作ってみて、あとは皆さんの好みに合わせて自由に変化させていってほしいと思います。どうぞくり返し作り続けて、自分の味、わが家の定番に育てていってください。

生いくらのしょう油漬け

うす味で漬けた作りたてのいくらは、
フレッシュで、自家製ならではのおいしさ。
塩分控えめなので、ご飯にたっぷり、
汁ごとかけて味わいましょう。

生いくらのしょう油漬けの展開料理は24-27頁

memo

• 調理時間のめやす：調理に1時間ほど、漬け込むのに半日ほど。

• 保存期間のめやす：保存容器に入れ、冷蔵庫で1週間ほど、冷凍庫で1〜2カ月ほど。市販品と比べて塩分が控えめなので、なるべく早めに食べきるようにしましょう。

• 時季のめやす：生筋子が出回るのは9月下旬〜12月上旬ごろ。鮮度を逃さぬよう、買ってきたらできるだけ早く作ってください。

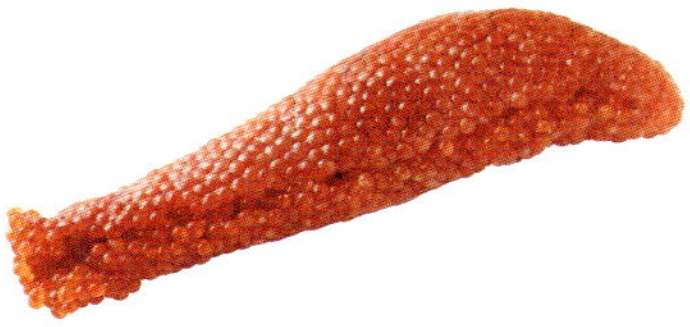

道具

• 大きめのボール
• アクすくい

材料（作りやすい分量）

• 生筋子…1腹（約270ｇ）

◎漬け汁

• 日本酒…カップ1/2杯
• みりん…大サジ1/2杯
• しょう油…大サジ2と1/2杯

作り方

1 小鍋に漬け汁の材料を合わせて煮立て、アルコール分をとばします。ボールに移して完全に冷まします。

2 大きめのボールに30℃位のぬるま湯をはります。筋子を入れて、大まかにほぐします。
※粒をほぐすのではなく、まずは覆っている膜のほうをはがすつもりで作業するとよいでしょう。

3 筋子を一度ザルに上げ、ぬるま湯を換えて戻し入れます。からみついた筋を取り除きながら、粒がバラバラになるまでよくほぐします。

4 3の筋子を再びザルに上げます。今度はボールに水をはって戻し入れ、細かい筋を取り除きます。浮かんできた筋は、アクすくいを使うと取りやすいでしょう。
※細かい筋までていねいに取り除くことで、生臭みが取れ、口あたりもよくなります。

5 きれいになったらザルに上げ、水気をきります。表面に透き通ったオレンジ色が戻るまで、15〜20分ほどおきます。

6 5のいくらを漬け汁に入れます。冷蔵庫で半日ほど漬け込んで、汁を吸ってぷっくりしたら、出来上がりです。

point

• 高山さんが和食屋さんで味わった、作りたてのいくら。このレシピは、そのみずみずしいおいしさをヒントに生まれました。作った翌日から味が徐々にしみ込んでなじみますが、半日漬けただけの格別にフレッシュな味わいも、ぜひお試しください。

• 炊きたてのご飯のほか、大根おろしにもよく合います。せん切りの青じそを合わせ、いくらを汁ごとすくってのせたら、好みで刻んだ柚子の皮をあしらい、しょう油を少々落としていただきます。

• 作った当日に取り分けて冷凍保存しておくと、作りたての味が長く楽しめます。冷凍は保存ビンに詰めた状態で。食べる数時間前に冷蔵庫に移し、自然解凍しましょう。

玉ねぎドレッシングの展開料理は27-30、35頁

玉ねぎドレッシング

お酢に玉ねぎの甘味が加わり、
まろやかで、飽きのこない味わいです。
家にある調味料を混ぜ合わせて
さまざまにアレンジできるのも便利です。

作り方

1 玉ねぎをすりおろして保存ビンに入れ、Aを加えます。
※おろしきれない玉ねぎは、細かく刻んで加えても結構です。

2 保存ビンを振り、練り辛子を完全に溶かします。

3 サラダ油を加え、さらに振り混ぜて完成です。

point
• そのまま味わうのはもちろん、27頁や30頁のように、いろいろにアレンジできるドレッシングです。その都度使う量だけ取り分けて、しょう油、わさび、柚子こしょうなど、好みの調味料を混ぜ合わせましょう。また、粗挽き黒コショーがよく合いますが、ドレッシングにはあえて加えません。食べる前に挽きかけ、香りを楽しんでください。

memo
• 調理時間のめやす：5分ほど。
• 保存期間のめやす：保存ビンに入れ、冷蔵庫で1カ月ほど。

材料（作りやすい分量）
• 玉ねぎ…1/4コ
• サラダ油…大サジ7杯
◎A
• 酢…大サジ3杯
• 塩…小サジ1杯
• 練り辛子…小サジ1/2杯

焼き肉のタレの展開料理は31-33頁

焼き肉のタレ

玉ねぎのコクと甘味が生きたタレ。
なじむほどに、うま味がぐっと増します。
焼き肉はもちろん、炒めもの全般に使え、
常備すれば、お弁当作りにも重宝します。

作り方

1 小鍋にAを入れて強火にかけ、軽く混ぜ合わせて砂糖を溶かします。

2 煮立ったら火を止め、玉ねぎのすりおろしを加えます。

3 粗熱が取れたらごま油を混ぜ合わせ、保存ビンに移します。

point

- きび砂糖にはさとうきびの味と香りが残っており、料理に使うと、コクや風味を醸し出します。上白糖ほど甘味が強くないので、代わりに上白糖を使う場合は、分量を心持ち少なめにしてもよいでしょう。

memo

- 調理時間のめやす：20分ほど。一晩ねかすと、玉ねぎがなじんでさらにおいしくなります。
- 保存期間のめやす：保存ビンに入れ、冷蔵庫で2カ月ほど。

材料（作りやすい分量）

- 玉ねぎ（すりおろし）…1/2コ分
- ごま油…大サジ1杯

◎A

- しょう油…カップ1/2杯
- きび砂糖…大サジ2杯
- 日本酒…大サジ2杯
- みりん…大サジ2杯
- おろしにんにく…1/2片分
- 粗挽き黒コショー…適量
- 一味唐辛子…適量

満月玉子

ゆで玉子の黄味をみそ床でねかせ、
熟成したうま味が濃厚に詰まっています。
そのままいただいてもおいしく、
日本酒の肴にもうってつけのひと品です。

満月玉子の展開料理は34頁

memo
• 調理時間のめやす：調理に30分ほど、ねかせるのに5日ほど。1〜2カ月ほど熟成させると、うま味がさらに増します。
• 保存期間のめやす：保存容器に入れ、冷蔵庫で2カ月ほど。

材料（作りやすい分量）
• 玉子…8コ
• みそ…カップ1と1/2杯
• 日本酒…大サジ3杯
• みりん…大サジ1杯
※みそは信州みそなど、くせのない白っぽいみそを使ってください。

作り方

1 みそ床を作ります。ボールにみそ、日本酒、みりんを入れて、よく混ぜ合わせます。

2 玉子は水から11〜12分ゆで、ゆで玉子にします。カラをむき、白味を外して、黄味を取り出します。

3-a

3-b

3 みそ床を保存容器に入れます（a）。少し間隔を空けて黄味をうずめます（b）。

4 みそ床を完全にかぶせ、フタをして冷蔵庫でねかせます。

point
• みそ床は、みそ、日本酒、みりんを継ぎ足して、何度でも使えます。継ぎ足す分量は、味をみながら調整しましょう。

仕上げるとき、味わうときのひと工夫

ゆで玉子は、少しオレンジ色が残る位の半熟にすると、半透明のきれいな満月玉子に仕上がります。また、満月玉子をそのままいただくときは、青じそをしいて盛りつければ、見目よく、味の相性もぴったりです。

ひたし大豆

ふっくらとゆで上げたあつあつの大豆に
ダシ汁をたっぷり含ませます。
コツは、豆をしっかりもどすこと。
ほくほくとした味わいを楽しみましょう。

ひたし大豆の展開料理は35－37頁

memo

• 調理時間のめやす：大豆をもどすのに8〜10時間ほど、調理に1.5〜2時間ほど。

• 保存期間のめやす：浸し汁ごと保存容器に入れ、冷蔵庫で1週間ほど。

道具

• 大きめの鍋

• アクすくい

材料（作りやすい分量）

• 大豆…1袋（300〜400ｇ）

※ひたし大豆に使うのは、ゆで上げた大豆のうちカップ3杯分。残りの大豆の使い方や保存方法は16、17頁参照。

◎浸し汁

• ダシ…カップ1と1/2杯

• 日本酒…大サジ1杯

• うす口しょう油…大サジ2杯

作り方

◎大豆をもどします

1 大豆は洗って鍋に入れ、たっぷりの水（大豆の体積の約4倍）を加えて、一晩おいてもどします。皮がすみずみまでピンと張り、楕円形になるまで、完全にもどしましょう。

※ここで大豆をしっかりもどすことが、じょうずにゆで上げるコツです。おおよそ8〜10時間でもどりますが、晩秋から冬にかけて出回る新大豆は柔らかいので、5〜6時間ほどでもどります。

◎大豆をゆでます

2 もどし汁は捨てずに、そのまま中火にかけます。火が強過ぎると皮がむけやすいので注意しましょう。

3 アクが浮いてきたら一気にすくい、ごく弱火にします。

4 豆が踊らない程度の火加減で、静かにゆでます。豆が顔を出したら、差し水をしましょう。

5 ときどき鍋底からヘラを静かに入れて、上下をざっくり返します。こうすることで均等にゆで上がります。

6 ふっくらとゆで上がってきたら食べてみて、柔らかさを確かめます。

※豆の状態は季節によって異なります。新大豆はゆで上がるのも早いので、かたさをよく確かめながら煮ましょう。

※ひたし大豆に使う分量以外の豆は、ゆで汁に浸したまま冷ますと、しわが寄りません。

ゆでたてならではのおいしさを
味わい尽くしましょう

◎ゆで汁も余さず生かして

ゆで汁には大豆のうま味が溶け出して、栄養もたっぷりです。豆はもちろん、ゆで汁まで余さずいただくポタージュの作り方をご紹介します。大豆をゆでた日ならではのお楽しみです。

〔ゆで汁のポタージュ〕

材料（2人分）
- ゆでた大豆…大サジ1杯
- ゆで汁…カップ1杯
- 牛乳…カップ1/2杯
- 有塩バター…5g
- みそ…小サジ1杯
- 塩…適量
- 粗挽き黒コショー…適量

作り方

1　ゆでた大豆とゆで汁を鍋に入れ、中火にかけます。

2　沸いてきたら弱火にし、牛乳を加えます。みそを溶き入れてバターを落とし、ひと煮立ちしたら、塩で味をととのえます。器によそい、黒コショーを挽きかけます。

◎あつあつを、ごくシンプルに

ゆでたてあつあつの大豆は、いくらでも食べ続けてしまいそうなおいしさです。おすすめは、水気をさっときってから、しょうがじょう油でいただく食べ方。また、塩とオリーブ油、粗挽き黒コショーを振りかけてもよいでしょう。シンプルに、豆そのもののおいしさを味わえるひと品もまた、ゆでた当日ならではのごちそうです。

しょうがじょう油（手前）と、塩とオリーブ油、粗挽き黒コショー（奥）。

◎大豆を浸します

7　鍋に浸し汁の材料を合わせてひと煮立ちさせ、火を止めます。

8　ゆでたての大豆の水気をきり、カップ3杯分を、7が熱いうちに浸します。こうすることで、豆の中まで味がしみ込みます。

9　粗熱が取れたら、汁ごと器に盛ります。

point
- せっかく時間をかけて大豆をゆでるなら、1袋分を一度にゆで、さまざまな料理に活用しましょう。ゆで汁ごと生かすスープ（左記参照）やみそ汁、大豆バター（17頁）などがおすすめです。
- ゆでて残った大豆はゆで汁ごと保存容器に入れ、冷蔵庫で3〜4日ほど保存できます（写真左）。冷凍庫で保存する場合は、ゆで汁ごと保存用ポリ袋に入れ、平らにならします。1カ月ほど保存できます（写真右）。

大豆バターの展開料理は38頁

大豆バター

あっさりした甘味のなかに、
大豆の豊かなコクが生きたバターです。
ほんのり効かせた塩味が引き立て役。
パンにたっぷり塗って楽しみましょう。

3 柔らかくしておいたバターを2度に分けて加え、全体が混ざり合ってなめらかになるまで、よく撹拌します。

point

• 大豆バターを使うときは、早めに冷蔵庫から出しておきます。

• 38頁のサンドイッチのほか、おすすめはハチミツトースト。トーストに大豆バターをたっぷり塗り、再び焼きます。フツフツとしたところにハチミツをかけて味わうと、豆とハチミツの風味が相まって絶妙です。

作り方

1 大豆をフードプロセッサーに入れ、粒がなくなるまでよく撹拌します。

2 きび砂糖と塩を加え、軽く撹拌します。

memo

• 調理時間のめやす：15分ほど。

• 保存期間のめやす：保存容器に入れ、冷蔵庫で1カ月ほど。

道具

• フードプロセッサー

材料（作りやすい分量）

• ゆでた大豆（作り方は15頁の手順6までを参照）…水気をきって軽くカップ1杯（約120ｇ）

• 有塩バター…70ｇ

• きび砂糖…50ｇ

• 塩…小サジ1/3杯

※ゆでた大豆はザルに上げ、粗熱が取れたら、キッチンペーパーで水気をよく拭き取ります。バターは大まかに切り、室温に置いて柔らかくしておきます。

煮豚と煮玉子

ジューシーでこっくりとした味わいが
口いっぱいに広がる煮豚です。
たくさん作って、まずはできたての
柔らかなおいしさを満喫しましょう。

煮豚と煮玉子の展開料理は39－41頁

作り方

1 豚肉はタコ糸をしっかり巻いて形を整えます。

2 鍋に1と煮汁の材料を入れ、水をヒタヒタになるまで加えて、強火にかけます。水の量は1ℓがめやすです。

3 沸騰したらアクをすくってごく弱火にし、フタをずらしてのせます。ときどきアクをすくいながら、40分ほど煮ます。

4 カラをむいたゆで玉子を加え、さらに20分ほど煮ます。

5 肉に竹串を刺し、透き通った肉汁が出てきたら、肉と玉子、ねぎ、しょうがを取り出します。

6 煮汁を強火にかけ、半量位になるまで煮詰めます。

7 6の煮汁を中華鍋に移し、強火にかけて、肉を戻し入れます。ときどき肉を転がしながら、水分を煮とばすようにして、トロミが出るまで煮からめます。

point

・できたての煮豚は柔らかで格別なおいしさです。粗熱が取れたらうす切りにし、煮玉子も半分に切って盛り合わせ、煮汁をまわしかけていただきましょう。せん切りの長ねぎとざく切りの香菜、練り辛子を添えれば、おもてなしにもぴったりのひと品になります。

・残った煮汁も活用できます。容器に移し、粗熱が取れたら冷蔵庫で一晩おき、固まった脂分（写真左）とタレ（写真右）に分けて冷蔵保存します（保存は6カ月ほど）。39〜41頁の料理のほか、チャーハンや炒めもののコク出しなどに使ってください。

memo

・調理時間のめやす：1.5時間ほど。

・保存期間のめやす：煮豚は粗熱を取ってからラップで包み、保存用ポリ袋に入れて冷蔵庫で1週間ほど。または、いくつかに切り分けてラップと保存用ポリ袋で包み、冷凍庫で1カ月ほど。煮玉子は保存容器に入れて、冷蔵庫で3〜4日ほど。

道具

・厚手で深めの鍋（寸胴鍋など）
・中華鍋（または、深めのフライパンなど）　・タコ糸

材料（作りやすい分量）

・豚肩ロースかたまり肉…500g×2本
・ゆで玉子…4コ

◎煮汁

・日本酒…カップ1/2杯
・しょう油…カップ3/4杯
・きび砂糖…大サジ5杯
・八角（サヤを8つにバラして）…2サヤ
・長ねぎ（青い部分）…1本分
・しょうが（皮ごと）…2片

※豚肉はほどよく脂身の入ったものを使いましょう。

※豚肩ロース肉1本分（500g）で作る場合の煮汁は、日本酒カップ1/4杯、しょう油カップ1/2杯、きび砂糖大サジ3杯。八角、長ねぎ、しょうがは2本分と同量とし、水をヒタヒタになるまで加えてください。

ソーセージ

皮はパリッと、中身は肉汁たっぷりの、
ジューシーで野趣あふれるソーセージ。
大がかりな道具は使わずに、
家庭で手軽に作れる本格派のひと品です。

ソーセージの展開料理は42-43頁

作り方

◎腸の準備をします

1 腸は、ボールにはった水に1時間ほどつけて塩抜きします。
※市販の腸は塩漬けになっています。塩から取り出し、キッチンばさみなどで必要な長さをカットしたら、残りの腸は塩の中に戻して冷蔵保存してください。
※塩抜きをしている間に、生地作り（手順4〜6）に進みましょう。

2 腸の先をソーセージ用の口金にかぶせ、腸の中に水道水を通して軽く洗います。
※腸は丈夫なものではありますが、傷をつけないよう、注意して作業しましょう。

3 2の口金から腸を外し、中の水をしごき出します。

道具
- ソーセージ用のしぼり袋と口金

※インターネットの通販などでも購入できます（価格はセットで1500〜2000円程度）。

材料（長さ17cmのフランクフルトソーセージ×8本分）
- 豚ひき肉（粗びき）…450ｇ
- 豚トロ…150ｇ
- 豚腸…1.5m
- 冷水…120mℓ

◎A
- 塩…小サジ2杯弱
- おろしにんにく…1片分
- パセリの葉（みじん切り）…1枝分
- ナツメグ…適量
- 粗挽き黒コショー…適量
- ソーセージ用ミックススパイス…小サジ1杯強

※ひき肉は脂身が多めのものを選びましょう。また、ひき肉の粗びきや豚トロは、精肉店にあらかじめ注文しておくとスムーズです。
※ここでは豚腸を使い、フランクフルトサイズを作ります。細めのウィンナーサイズにしたい場合は羊腸を使いましょう。
※市販のソーセージ用ミックススパイスは、コショー、しょうが、キャラウェイ、シナモン、セージ、にんにくなどが配合された商品です（写真左。右はナツメグ）。手に入りにくい場合は加えなくても充分おいしくできますが、きび砂糖少々を隠し味に加えてください。セージ、バジル、オレガノなど、好みのハーブを混ぜ込んでもよいでしょう。

memo
- 調理時間のめやす：腸の塩抜きに1時間ほど、調理に1時間ほど、仕上げの風干しに半日ほど。
- 保存期間のめやす：1本ずつラップで包み、厚手の保存用ポリ袋に入れて、冷蔵庫で4〜5日ほど。同じくラップと保存用ポリ袋で包み、冷凍庫で1カ月ほど。
- 薫製処理をせず、風干しで仕上げる生ソーセージです。肉は必ず新鮮なものを使い、空気が乾燥した涼しい時季に作りましょう。生ならではのジューシーさを楽しむには、できたてをいただくか、ゆでずに保存するのがおすすめですが、それだけに、清潔な環境で作って保存することを守ってください。

◎腸を塩抜きしている間に生地を作ります

4 ひき肉にAを加えて混ぜ、粘りが出るまでよく練ります。いったん冷蔵庫に入れます。

5 豚トロを粗みじんに切ったら、4を冷蔵庫から出し、軽く合わせます。

6 冷水を一度に加え（a）、粘りが出るまで素早く練り混ぜます（b）。再び冷蔵庫に入れて、30分ほど冷やしておきます。
※肉の脂分が溶け出さないよう、こまめに冷やしながら作りましょう。ジューシーに仕上げるコツです。

◎腸に生地を詰めます

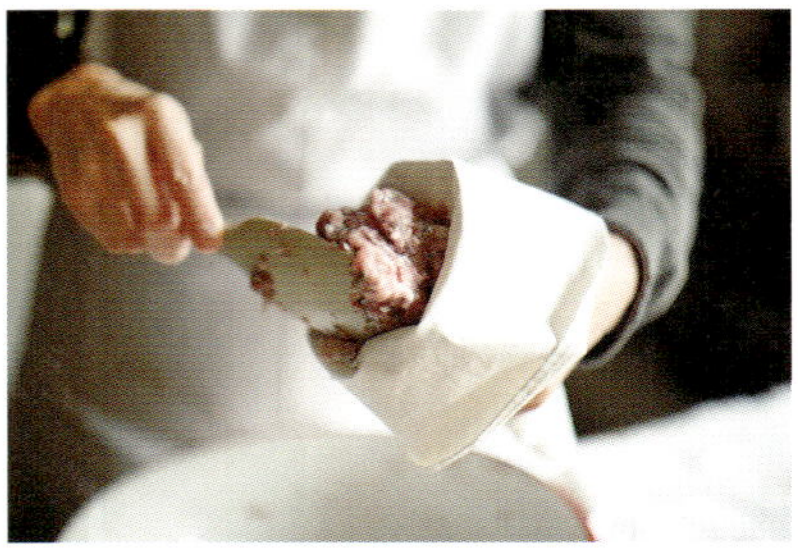

7 ソーセージ用の口金をしぼり袋の先に通してセットし、生地を詰めます。パンパンには詰めず、七分目位までにすると、しぼりやすくなります。

8 軽くしぼって、口金の出口近くまで肉を送ってから、3の腸の先をかぶせます。
※口金の先に肉の脂分があることで、次の手順で腸をたくし上げるとき、滑りやすくなります。

9 口金の根元まで、腸を少しずつたくし上げます。すべてを通し終えたら、腸の先を結び、生地を少ししぼり出します。

10 ゆっくりと一定の強さでしぼり出し、腸を引き出して、均等の太さになるようにします。途中で生地が足りなくなったら、早めに補充します。あとでねじるので詰め過ぎず、八分目位をめやすにしましょう。最後まで詰め終わったら、腸の先を結びます。
※一人がしぼり出し、もう一人が口金を押さえて腸を引き出すというように、二人で作業をするとスムーズです。しぼり袋は、逆さにしたボールなどにのせて高低をつけると力が入りやすく、楽にしぼれます。

◎ソーセージをねじって成形します

11 ソーセージは、全体の長さの半分のところで2〜3回ねじり、長い2本の状態にします。

12 さらに、ねじったところから1/4の長さのところで、2本一緒に同様にねじります。

13 できた輪の中に、どちらか一方の端をくぐらせます。

14 12と13の手順をくり返し、8本分のソーセージにします。

15 針を刺し、腸の中の空気を抜きます。ここで完全に抜いておくと、焼くときにはねません。

◎ソーセージを干して仕上げます

16 ソーセージを日陰の風通しのよいところにぶら下げ、半日ほど干します。こうして風干しすることで、パリッとした食感の皮になります。表面が完全に乾いてカサッとした手触りになったら、1本ずつ切り離します。

※すぐに調理するのがおすすめですが、保存する場合は冷蔵庫か冷凍庫へ(左記参照)。

point

• 肉はふつうのひき肉を使っても作れますが、粗びき肉のほうが歯ごたえがあり、ジューシーさが際立ちます。まずはシンプルに、このレシピの材料で作ってみましょう。豚肉の力強いうま味を充分に味わえます。

• 使い終えたしぼり袋は、清潔に保管しましょう。裏返してよく洗い、口金とともに煮沸消毒してから、日光にあてて乾かします。

• ソーセージを冷蔵・冷凍保存するときは、互いにくっつくのを防ぐために、必ず1本ずつラップでしっかりと包みます。冷凍保存していたものを食べるときは、自然解凍してから調理しましょう。

憧れのソーセージ作りをわが家で　高山なおみ

ドイツの農家が飼っていた豚を1頭つぶし、何種類ものソーセージを手作りするドキュメンタリーを見てからというもの、ソーセージ作りはわたしの憧れでした。肉も内臓も血も余すところなく生かしきり、家族総出で日暮れまでかかって、新鮮なうちにこしらえるのです。

ソーセージ作りは奥が深いので、本格的にやろうとするとかたまり肉をミンチにするところから始まり、長期保存のためにゆでたり薫製したりと手間も時間もたっぷりかかりますが、今回は市販の粗びき豚肉に、焼肉用の豚トロを刻み込んだ家庭的なソーセージを紹介しました。一度にたくさんの量を作るわけではないので、長期保存は考えず、風干しにして仕上げる生ソーセージ。ところどころ太かったり細かったり、見た目は少々不格好でも味は本格派です。腸に詰めきれなかった残りの生地は、小判型にまとめてフライパンで焼くのもお楽しみ。くり返し作って、生ソーセージならではの豚肉の力強さ、ジューシーなおいしさを味わってください。

五目ちらし寿司

しゃきしゃきの酢れんこん、甘めの炒り玉子、
そして新鮮でプリッとしたいくら。
いくら漬けを作ったらぜひ味わいたい、
色とりどりの冬のごちそうちらしです。

材料（5〜6人分）

寿司めし
- 米…3合
- 寿司酢（市販のもの）…大サジ6杯

※ここでは飯尾醸造の「富士すし酢」を使用。寿司酢を手作りする場合は、酢大サジ6杯、きび砂糖大サジ$1\frac{1}{2}$杯、塩小サジ$\frac{1}{2}$杯をよく混ぜ合わせます。
- 白ごま…大サジ2杯

混ぜ込む具
- 干し椎茸…3枚　・かんぴょう…20g
- にんじん…$\frac{1}{3}$本

A
- 干し椎茸のもどし汁…カップ1杯　・きび砂糖…大サジ2杯
- みりん…大サジ1杯　・しょう油…大サジ$1\frac{1}{2}$杯

のせる具
- 生いくらのしょう油漬け…大サジ5〜6杯
- 玉子…3コ　・きび砂糖…大サジ3杯
- 塩…1つまみ　・ごま油…適量
- れんこん…150g　・三つ葉…1束
- 青じそ…10枚　・刻み海苔…適量

B
- 酢…カップ$\frac{1}{4}$杯　・きび砂糖…大サジ$1\frac{1}{2}$杯　・塩…1つまみ

展開レシピ　生いくらのしょう油漬けの作り方は8-9頁

作り方

◎下準備をします

1　干し椎茸は、一晩水につけてもどしておきます。

2　白ごまは軽く炒ります。飯台は水をはってしばらくおき、フキンで軽く拭いておきます。米はといで炊飯器に入れ、ふだんより少なめの水加減で30分ほど浸水させてから炊きます。

◎混ぜ込む具を作ります

3　ご飯を炊いている間に具を作ります。もどした椎茸は石突きを取り除き、カサと軸に分けて、それぞれうす切りにします。もどし汁はカップ1杯分取り置いておきます。

4　かんぴょうは水に5分ほどつけて軽くもどします。水気をしぼって、塩適量（分量外）を加えて揉み、さっと洗い流します。たっぷりの湯を沸かし、弱火で5〜8分ほど、爪が立つ位の柔らかさになるまでゆでます。ザルに上げて粗熱を取り、軽く水気をしぼってから、2cm長さに刻みます。

5　にんじんは4cm長さの細切りにします。

6　鍋にAを合わせて強火にかけ、煮立ったら、椎茸とかんぴょうを加えます。アクが出てきたらすくって弱火にし、落としブタをして7〜8分ほど煮ます。にんじんを加え、煮汁がなくなるまで中弱火で10分ほど煮て、ふっくらと味を含ませます。鍋に入れたまま、常温に置いておきます。

※にんじんは柔らかくなり過ぎないよう、時間差で加えます。

6

◎のせる具を作ります

7　炒り玉子を作ります。ボールに玉子を溶きほぐし、きび砂糖と塩を加え、混ぜます。

8　キッチンペーパーにごま油を含ませて小鍋の内側に塗り、強めの中火にかけ、7を流し入れます。まわりが固まってきたら弱火にし、菜箸4～5本を使って全体を混ぜながら、ときどき火から外して炒りつけます（a、b）。鍋底が見えてきたら火を止め、細かくほぐしながら、余熱でふんわり仕上げます。

9　酢れんこんを作ります。小鍋にBと水80mlを合わせ、ひと煮立ちさせて漬け汁を作り、ボールに移して冷ましておきます。

10　れんこんは皮をむき、タテ4等分にします。3mm厚さのイチョウ切りにし、酢水をはった鍋に浸します。

11　10を酢水ごと強火にかけ、グラッと煮立ったらザルに上げ、水気をきります。熱いうちに9につけます。

12　三つ葉はゆでて水気をしぼり、3cm長さに切ります。

8-a

8-b

11

展開レシピ　生いくらのしょう油漬けの作り方は8-9頁

◎寿司めしを作ります

13　炊き上がったご飯は、5分ほどおいて蒸らしてから飯台にあけ、寿司酢をまわしかけます。しゃもじをタテにして切るように混ぜながら、まんべんなく合わせます。うちわであおぎながら、ツヤが出るまでざっくり混ぜます。

14　寿司めしが温かいうちに、2の炒りごまと6を加え、しゃもじをタテにして混ぜます。よく混ざったら、フキンをかぶせて、ひと肌位になるまで冷まします。

◎盛りつけます

15　酢れんこんの水気をきり、2/3量を寿司めしの上にちらします。

16　さらに、炒り玉子をまんべんなくしきつめ、残りの酢れんこん、刻んだ青じそ、いくらのしょう油漬け、三つ葉を彩りよくちらします。最後に刻み海苔をあしらいます。

◎ポイント

ご飯を炊いている間に具を作ると、スムーズに進みます。少し複雑に思えるかもしれませんが、この手順を追ってひとつひとつ仕上げていけば、失敗なく作れるでしょう。刻んだ柚子の皮を仕上げにちらすと、さらに風味豊かにいただけます。

13

14

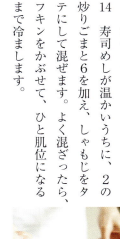

刺身サラダ

コリッと身の締まった白身の刺身に、いくらを汁ごとかけてうま味深く。柚子こしょう風味の玉ねぎドレッシングが、冬の和風サラダをきりりとまとめます。

材料（2人分）

- 生いくらのしょう油漬け…大サジ2杯
- 白身の刺身…1さく（約100g）

※真鯛、ヒラメ、スズキなど、好みで。

- 白菜…1枚　•きゅうり…1本
- 春菊…1～2本　•青じそ…8枚

A

- 玉ねぎドレッシング…大サジ3杯　•柚子こしょう…小サジ$\frac{1}{3}$杯
- ごま油…小サジ1杯　•うす口しょう油…小サジ1杯

作り方

1　白菜はタテ4つに切ってから、ひと口大にそぎ切りにします。きゅうりはタテ半分に切ってから、斜めうす切りにします。春菊は葉を4cm長さに切り、茎は食べやすいようそぎ切りにします。青じそは4つ位に大まかにちぎります。

2　刺身はうすくそぎ切りにします。

3　Aを混ぜ合わせて、和風ドレッシングを作ります。

4　器に1と2を盛りつけ、ドレッシングをまわしかけます。いくらのしょう油漬けを汁ごとのせます。

3

生いくらのしょう油漬けの作り方は8-9頁
玉ねぎドレッシングの作り方は10頁

展開レシピ　玉ねぎドレッシングの作り方は10頁

白菜コールスロー

塩をした白菜のみずみずしいうま味に、
玉ねぎドレッシングを合わせます。
ディルとパセリが風味を醸し、
ゆで玉子が入って食べごたえも充分です。

材料（2人分）
- 白菜…1/8コ
- にんじん…1/3本
- ディル…1枝
- パセリ…1/2枝
- 塩…小サジ1/2杯
- 玉子…2コ
- 粗挽き黒コショー…適量
- 玉ねぎドレッシング…大サジ4杯

作り方

1　白菜は8cmほどの長さに切り分け、センイに沿って細切りにします。にんじんは皮をむき、せん切りにします。ディルとパセリは細かく刻みます。

2　1の白菜とにんじんをボールに入れ、塩をまぶしてざっと合わせ、20分ほどおきます。揉み込まず、野菜から自然に水分がにじみ出て、軽くしんなりするのを待ちます。

3　玉子は水から11分ゆでで、ゆで玉子にします。

4　2の水気を軽くきり、ディルとパセリ、玉ねぎドレッシング大サジ2杯を加えて、ざっくり混ぜます。大まかに手で崩したゆで玉子を加え、黒コショーを挽いてさっと合わせます。

5　器に盛り、ドレッシング大サジ2杯をかけ、黒コショーを挽きます。

◎ポイント
白菜に塩をすると、生でもたっぷり食べられます。水気をしぼりきらないようにして、旬ならではのみずみずしさを楽しみましょう。

長ねぎのトロトロマリネ

くったりと煮込んだ長ねぎに
玉ねぎドレッシングをひとかけし、
まるでポロねぎのような甘い味わいに。
あつあつでも、冷やしていただいても。

材料（2人分）

・長ねぎ（白い部分）…$1\frac{1}{3}$本
・固形スープの素…$\frac{1}{4}$コ
・黒粒コショー…3〜4粒
・有塩バター…5g
・ローリエ…1枚　・塩…1つまみ
・玉ねぎドレッシング…適量
・粗挽き黒コショー…適量

2

作り方

1　フタができる厚手の鍋を用意します（ここでは直径18cmのル・クルーゼを使用）。長ねぎは、鍋の大きさに合わせた長さに切ります。

2　鍋の中に、長ねぎを重ならないように隙間なく並べます。水をヒタヒタより少なめに注ぎ（カップ1杯がめやす）、刻んだ固形スープの素、粒コショー、バター、ローリエ、塩をのせてフタをし、中火にかけます。

3　沸いてきたら弱火にし、長ねぎがくったりと柔らかくなるまで30〜40分煮ます。竹串を刺してスーッとほぐれる位がめやすです。

4　3が熱いうちに器に盛り、玉ねぎドレッシングをかけ、黒コショーを挽きます。

◎ポイント

冷やしていただく場合、バターは固まってしまうので加えずに煮て、粗熱が取れたら、煮汁ごと冷蔵庫へ（保存は3日ほど）。食べるときに玉ねぎドレッシングをかけます。また、残った煮汁はスープに加えたり、白菜、キャベツ、ブロッコリーなどの蒸し煮に使いましょう。

展開レシピ
玉ねぎドレッシングの作り方は10頁

大根のサーモンと生ハム巻き

厚めの大根のしゃっきりとした歯ごたえとわさび入り玉ねぎドレッシングのほどよい辛味、サーモンと生ハムの燻したうま味が、絶妙なバランスでおいしさを醸し出します。

展開レシピ　玉ねぎドレッシングの作り方は10頁

材料（2人分）
- 大根…長さ3cm
- スモークサーモン…4枚
- 生ハム…4枚
- クレソン…適宜
- 粗挽き黒コショー…適量

A
- 玉ねぎドレッシング…大サジ$1\frac{1}{2}$杯
- わさび…少々

作り方

1　大根は皮をむいて1.5cm厚さの輪切りにし、それぞれをタテ4つに切ります。

2　スモークサーモンを広げ、1をのせて端からクルクルと巻きます。生ハムも同様にして巻きます。

3　2を器に盛り合わせ、好みでクレソンを添えます。Aをよく混ぜ合わせてかけ、黒コショーを挽きかけます。

◎ポイント
大根をかぶに代えても、また違った歯ごたえを楽しめます。また、ドレッシングにはわさびのほか、粒マスタードや柚子こしょうを混ぜ合わせてもよいでしょう。

豚肉のしょうが焼き

手ごろな値段の肉も下味のひと手間で、
しっとり柔らかに仕上がります。
たくさん刻んだせん切り野菜に、
焼き汁をしみ込ませていただきましょう。

材料（2人分）
・豚切り落とし肉（肩ロース）…200g
・キャベツ…1/6コ　・にんじん…1/3本
・青じそ…5枚　・焼き肉のタレ…大サジ3杯
・しょうが…1片
・粗挽き黒コショー、マヨネーズ、七味唐辛子…各適量

A
・おろしにんにく…1/2片分
・ごま油…小サジ1杯　・日本酒…小サジ2杯
・粗挽き黒コショー…適量　・塩…少々

作り方
1　豚肉にAを軽く揉み込み、20分ほどおいて下味をつけます。このひと手間で、肉が柔らかくなります。しょうがをすりおろし、焼き肉のタレに加えて混ぜます。
2　キャベツ、にんじん、青じそは、せん切りにしてざっと合わせ、器にこんもりと盛りつけます。
3　フライパンを強火にかけ、油はひかずに、1の豚肉を広げて焼きます（ここでは樹脂加工のフライパンを使用。鉄のフライパンを使う場合は、ごま油を少々ひきます）。肉は動かさずにおいて焼き色がついたら返し、裏面も軽く焼きます。
4　豚肉に火が通ったら、1のタレをからめ、火を止めます。黒コショーを挽きかけます。
5　2の野菜の上に豚肉をのせ、焼き汁をまわしかけます。マヨネーズを添え、七味唐辛子を振ります。

展開レシピ
焼き肉のタレの作り方は11頁

プルコギ風炒めもの

甘辛いタレと炒りごまの香ばしさが、大いに食欲を誘います。いろいろな野菜をたっぷり食べられ、ご飯がどんどん進む炒めものです。

材料（2〜3人分）
- 焼き肉用の牛肉（カルビやハラミなど）…150g
- 玉ねぎ…1/2コ　・にんじん…1/2本
- パプリカ…1/2コ　・ニラ…1/2束　・椎茸…2枚
- 焼き肉のタレ…大サジ2杯　・白ごま…大サジ1杯
- ごま油…大サジ1杯　・粗挽き黒コショー…適量

A
- おろしにんにく…1/2片分
- ごま油…小サジ1杯　・粗挽き黒コショー…適量

作り方

1　牛肉は1cm幅に切り、Aと焼き肉のタレ大サジ1杯を揉み込んでおきます。肉に下味がつき、柔らかくなります。

2　玉ねぎはうす切りに、にんじんは歯ごたえが残るよう太めのせん切りに、パプリカは種とワタを取り除いて細切りに、ニラは5cm長さに切ります。椎茸は石突きを取り除いてカサと軸に分け、カサは5mm厚さ位に切り、軸はほぐします。ごまは軽く炒っておきます。

3　フライパンを強火にかけてごま油を熱し、玉ねぎを軽くしんなりするまで炒めます。にんじん、パプリカを加え、塩1つまみ（分量外）を振ってざっと炒め合わせます。続けて椎茸を加えて軽く炒め、いったん皿などに取り出します。

4　同じフライパンを強火にかけ、油をひかずに、1の牛肉を広げて焼きつけます（ここでは樹脂加工のフライパンを使用。鉄のフライパンを使う場合は、ごま油を少々加えます）。

5　肉に焼き目がついたら3を戻し入れ、ニラとごま、焼き肉のタレ大サジ1杯を加えて炒め合わせます。黒コショーを挽いて器に盛ります。

◎ポイント

牛肉は脂身のあるものを使ったほうが、野菜に脂がまわり、しっとりとおいしく仕上がります。また、野菜は同じ位の形にそろえて切ると、見た目がよいばかりではなく、火の通りが均一になります。

展開レシピ　焼き肉のタレの作り方は11頁

満月玉子の作り方は12-13頁

満月玉子のクリームチーズディップ

熟成した味わいを組み合わせた、コク深く、芳醇に香るディップ。混ぜ過ぎないのが唯一のコツです。

材料（作りやすい分量）
- 白菜…適量
- 黒パン…適量
- 粗挽き黒コショー…適量

クリームチーズディップ
- 満月玉子…2コ
- クリームチーズ（柔らかいタイプ）…100g
- 満月玉子のみそ床…大サジ1杯

作り方

1　ディップを作ります。ボールにクリームチーズを入れ、満月玉子とみそ床を加えて、木ベラなどでざっくりと大まかに混ぜます。まだらに混ざる位で充分です。

2　1を器に盛り、黒コショーをたっぷり挽きます。白菜は芯と葉を切り離し、それぞれ食べやすい形に切ります。黒パンも食べやすい厚さに切り、ディップをつけながらいただきます。白菜の代わりに、にんじんやきゅうりなど、好みの野菜をスティック状に切ってもよいでしょう。

1

◎ポイント
ディップは保存容器に入れて、冷蔵庫で1週間ほど保存できます。

ひたし大豆の洋風おつまみ

玉ねぎドレッシングをさっとかけるだけで、ダシ風味の豆が洋風に様変わり。コクのある豆とチーズが相性抜群の、白ワインによく合うおつまみです。

材料
- ひたし大豆…適量
- 玉ねぎドレッシング…適量
- チーズ…適量
- 粗挽き黒コショー…適量
- クレソン…適宜

作り方
1　ひたし大豆の汁をきって器に盛り、好みのチーズを添えます。
2　ひたし大豆に玉ねぎドレッシングをまわしかけ、黒コショーを挽きかけます。好みで、食べやすく切ったクレソンを添えます。

◎ポイント
高山さんが朝食のサラダにいつも使っている玉ねぎドレッシングと、冷蔵庫にあったひたし大豆。このふたつを組み合わせてみたところ、和風と洋風が合わさったにもかかわらず、白ワインにぴったりの味わいに驚いたそうです。さらにチーズを添えて生まれたのが、このおつまみ。カマンベールなどの白かびタイプのほか、ブルーチーズなど、好みのチーズを選んでみましょう。

展開レシピ

玉ねぎドレッシングの作り方は10頁
ひたし大豆の作り方は14-16頁

展開レシピ

ひたし大豆の作り方は14-16頁

ひたし大豆のふわふわ玉子焼き

大豆の浸し汁も一緒に加えて、
まるでダシ巻き玉子のような味わい。
ふんわりしたはんぺんと大豆、
ふたつの食感の出合いを楽しみます。

材料（2人分）
- ひたし大豆…大サジ2杯
- ひたし大豆の浸し汁…大サジ2杯
- 玉子…2コ
- はんぺん…1/2枚
- サラダ油…小サジ2杯

作り方

1　ボールに玉子を溶きほぐし、ひたし大豆と浸し汁を加えてよく混ぜます。

2　はんぺんは2cm角のさいの目に切ります。1に加え、ざっと合わせます。

3　フライパンにサラダ油をひいて強火で熱し、2の玉子液を流し入れます。まず菜箸などで大きく混ぜ、スクランブルエッグの要領で半熟に焼きます。次にスプーンを使って、フライパンの隅に寄せて形を作ります。

3

◎ポイント
冷めてもおいしく食べられるので、お弁当にもおすすめのひと品です。

ひたし大豆と牛しぐれ煮の混ぜご飯

手軽にできる牛しぐれ煮に、ひたし大豆、炒り玉子を取り合わせた、彩りのよい混ぜご飯。おもてなしにも、お弁当にもぴったりです。

材料（4人分）
- ひたし大豆…汁をきってカップ1杯
- 米…2合
- 白ごま…大サジ2杯
- 三つ葉…1束
- 粉山椒、紅しょうが…各適量

牛しぐれ煮
- 牛小間切れ肉…150g
- しょうが…2片
- 山椒のつくだ煮（市販のもの）…小サジ2杯

A
- しょう油、日本酒…各大サジ2杯
- みりん…大サジ1½杯
- きび砂糖…小サジ1杯

炒り玉子
- 玉子…2コ　•きび砂糖…小サジ2杯
- 塩…1つまみ　•ごま油…適量

作り方

1　牛しぐれ煮を作ります。牛肉はひと口大に切り、しょうがはせん切りにします。

2　鍋にAを合わせて強火にかけ、ひと煮立ちしたらざっと混ぜ、砂糖を溶かします。

3　2の鍋に牛肉を加え、強火のまま、菜箸でほぐしながら煮ます。肉の色が変わってきたら、しょうが、山椒のつくだ煮を加えます。煮汁がなくなるまで炒りつけます。

4　炒り玉子は、26頁の手順7、8の要領で作ります。

5　米はといで30分ほど浸水し、ふつうに炊きます。ご飯をざっくりほぐし、ひたし大豆、牛しぐれ煮、軽く炒った白ごまを加え、しゃもじで切るようにしてまんべんなく混ぜます。炒り玉子と1cm長さに刻んだ三つ葉を合わせ、器に盛ります。粉山椒を振り、紅しょうがを添えます。

ひたし大豆の作り方は14-16頁

大豆バターのフルーツサンド

まろやかな大豆バターと
秋の果物のやさしい甘さが溶け合う、
大人の味わいのサンドイッチ。
濃いめのミルクティーと一緒にどうぞ。

材料（2人分）

- 食パン（10枚切り）…6枚
- 大豆バター…適量
- バナナ…1本
- りんご…1/4コ
- 柿…1/4コ
- ハチミツ…適量

作り方

1　大豆バターはあらかじめ冷蔵庫から出して室温に置き、柔らかくしておきます。

2　バナナは長さ半分に切ってうす切りに、りんごと柿もそれぞれうす切りにします。

3　パン3枚の片面に大豆バターをまんべんなく塗り、それぞれに果物を1種類ずつ、重ならないように隙間なくのせます。バナナにはハチミツをかけます。

3

4　残りのパンで挟み、食べやすい形に切って器に盛ります。

◎ポイント
大豆バターには、酸味があまり強くない果物のほうがよく合います。ビワやモモなど、折々の季節の果物で作ってみてください。

展開レシピ

大豆バターの作り方は17頁

煮豚の炊き込みご飯

煮豚作りでできたタレと脂も炊き込みます。
こっくりとしたなかに、
ごぼうの風味とせりの青々しさ、
ごろっと入った煮豚がうれしいご飯です。

材料（4人分）
- 煮豚…1/3本分　•米…2合　•ごぼう…30cm
- 椎茸…3枚　•せり…1束
- ごま油…小サジ1/2杯　•ダシ昆布…5cm角
- 煮豚の脂分…小サジ2杯　•粗挽き黒コショー、白ごま…各適量

A
- 煮豚のタレ…小サジ2〜3杯
- 日本酒…大サジ1杯　•しょう油…小サジ1杯

作り方

1　米はといで炊飯器に入れます。Aを加えてから水を足し、いつもの水加減にして、よく混ぜます。ごま油を加え、ダシ昆布を上にのせ、20分ほど浸水させます。

2　煮豚は2cm角のさいの目に切ります。ごぼうはタテ半分に切ってから斜めうす切りにし、水に軽くさらしてアクを抜いたら、ザルに上げて水気をきります。椎茸は石突きを取り除いてから軸とカサに分け、カサは5mm厚さのうす切りに、軸はほぐします。

3　1の上に2と煮豚の脂分をのせ、ふつうに炊きます。

4　炊き上がったら昆布を取り出し、細かく切ってから戻し入れます。ざっくりと混ぜて、8分ほど蒸らします。

5　味をみて、足りなければ、塩少々(分量外)で味をととのえます。1cm長さに切ったせりを加えて混ぜ、黒コショーを挽きかけます。器に盛り、軽く炒って半ずりにしたごまを振りかけていただきます。

煮豚の作り方は18-19頁

中華焼きそば

ニラやもやしを山盛りいっぱい、蒸し焼きにして具にしました。煮豚のタレであっさりと味つけ。麺を香ばしく焼きつけるのがコツです。

材料（2人分）
- 煮豚…1/4本分　•焼きそば用蒸し麺…2玉　•ニラ…1束
- もやし…1袋　•椎茸…2枚　•ごま油…大サジ2/3杯
- 鶏ガラスープの素…小サジ1杯　•日本酒…大サジ1杯
- しょう油…小サジ1杯　•煮豚のタレ…小サジ2〜3杯
- 塩…適量　•粗挽き黒コショー…適量

作り方

1　煮豚はうす切りにしてから5㎜幅の細切りに、ニラは4㎝長さのざく切りにします。椎茸は石突きを取り除いてカサと軸に分け、カサはうす切りにし、軸はほぐします。

2　蒸し麺は袋のまま、電子レンジで2分ほど温めておきます。

3　強火にかけたフライパンにごま油をひき、麺を軽く炒めます。麺に油が回ったら、フライパンいっぱいに広げたまま焼きつけ、ところどころ焼き色がついたらほぐし、煮豚と椎茸を加えてざっと炒め合わせます。

4　3の上にニラともやしをのせます。鶏ガラスープの素、塩1つまみ、日本酒を振ってフタをし、強火のまま蒸し焼きにします。

5　4の野菜が軽くしんなりしたら、しょう油、タレを加えて炒め合わせます。味をみて足りなければ、塩で味をととのえます。器に盛り、黒コショーをたっぷり挽きかけます。

4

しょう油ラーメン

煮豚をチャーシューに、タレをスープに、
さらに煮玉子ももれなく使います。
中華そばと呼びたくなる、
懐かしい味わいのラーメンです。

材料（2人分）

- 煮豚（うす切り）…4〜6枚　•中華麺…2玉
- 煮玉子…1コ　•ほうれん草…1/3束
- 煮豚のタレ…適量　•ごま油…小サジ1杯
- メンマ…適量　•長ねぎ…適量
- 粗挽き黒コショー…適量

A

- おろしにんにく…1/2片分　•日本酒…大サジ2杯
- 鶏ガラスープの素…大サジ1杯強　•煮豚の脂分…大サジ1杯
- しょう油…小サジ1杯

作り方

1　長ねぎは小口切りにします。ほうれん草は色よくゆでて水にさらし、軽くしぼって4㎝長さに切ります。煮玉子は半分に切ります。

2　鍋にAと水カップ4杯を入れ、強火にかけます。煮豚のタレ（小サジ2〜3杯がめやす）を加えて味をととのえ、風味づけにごま油を加えます。黒コショーを挽きます。

3　たっぷりの湯を沸かし、中華麺を袋の表示通りにゆでます。ザルに上げて水気をきり、器に入れます。2を注ぎ、煮豚、ほうれん草、煮玉子、メンマ、ねぎを盛り合わせます。黒コショーを挽いていただきます。

2

煮豚と煮玉子の作り方は18-19頁

焼きソーセージ じゃがいものガレット添え

生ソーセージのおいしさを
一番シンプルに味わえるいただき方。
カリッと焼いたじゃがいものガレットは、
あふれ出てくる肉汁がソース代わりです。

材料（1人分）

- ソーセージ…2本　・じゃがいも…大1コ
- オリーブ油…大サジ1/2杯　・有塩バター…10g
- 白ワイン（または日本酒）…カップ1/2杯
- 粗挽き黒コショー、粒マスタード…各適量

作り方

1　じゃがいもは皮をむき、粗めのチーズおろしで細長くおろします。でんぷん質が接着剤の役割を果たすので、水にはさらさないようにしましょう。

2　フライパンを中火にかけてオリーブ油とバターを熱します。バターが溶けたら強火にし、1をフライパンの縁ぎりぎりまでうすく広げます（ここでは直径26cmのフライパンを使用）。ヘラなどで押さえながら、じゃがいも同士がくっつくようにして焼きます。

3　焼き目がついて、表面のじゃがいもが透き通ってきたら返し、反対の面もしばらく焼きます。

4　香ばしく焼けたら火を止め、フライパンからすべらせるようにして器に取り出します。

5　4のフライパンを洗わずに強火にかけ、オリーブ油小サジ1杯（分量外）をひきます。ソーセージを並べ入れたら、すぐにフタをして、軽く蒸し焼きにします。

※強火で蒸し焼きにすることで、ジューシーに仕上がります。ソーセージの中の空気が完全に抜けていないとはねることがあるので、必ずフタをしてください。

6　ソーセージに軽く焼き目がついたら白ワインを加え、フタをして弱火で5～6分蒸し焼きにします。

7　竹串を刺して透き通った肉汁が出てきたら、フタを取って強火にし、フライパンをゆすりながら焼き汁をからめて、香ばしい焼き色をつけます。

8　4のガレットの上に盛りつけ、黒コショーを挽き、粒マスタードを添えます。

6

7

◎ポイント
粗めのチーズおろしがない場合は、ガレットのじゃがいもはせん切りにしてください。形が崩れないよう、ヘラなどで押さえ、きちんと焼き目をつけてからひっくり返しましょう。

ケンタロウさんの自家製レシピ

写真　木村拓（44〜81頁）
スタイリング　高橋みどり（46〜81頁）

お気に入りの道具や雑貨で満ちたキッチン。

思い立ったときに作る手打ちパスタ。パスタマシンは不要。

ジャムやマーマレードは、自身にとっても一番身近な自家製。

りんごジャムは、朝食のヨーグルトに混ぜて味わうことも。

作る値打ちのあるおいしさ

自家製と聞いて思い出すのは、子どものころ、春になると親と一緒に近くの河原でよもぎを摘み、よもぎ餅を作ったことです。ぼくは東京郊外で育ったのですが、それはご近所もみなやっていましたね。初夏には親が梅酒を仕込み、祖父はしょっぱい梅干しを漬ける。そんな「あたりまえの自家製」とでも言うのかな、ささやかな手作りが、ぼくたちのいまの暮らしにもっとあるといいなと思います。

自分自身は、どこにでもある市販品を使って勝負するのが本分というか、ふだんはパパッと料理することが多いから、素材から手間暇かける自家製は余計に楽しいですね。今回の自家製レシピは、たとえばジェノバソース（46頁）やポン酢（54頁）のように、気張らずに作れて、買うものより格段にフレッシュでおいしい、というものを中心に選びました。一方、コンビーフ（52頁）は、「気張る楽しさ」がある。手間というより時間がめっぽうかかるけれど、それを補って余りある、本物のおいしさが味わえます。

考えてみれば、ジャムやコンビーフなどは、昔の人が保存の必要に迫られて生み出したものですよね。それを、毎日生鮮食品が買えるいま、あえて作るのはどうしてだろう。それはやはり、安心・安全ということもあるけれど、素材と向き合って一から作る体験が得難い楽しさで、かつ、市販品よりずっとおいしいことが大前提だと思うんです。つまり、作る値打ちがあるということ。これまで自家製に縁遠かった人たちにも、そう感じてもらえたらと思います。

先日、自宅の冷蔵庫を開けたらコンビーフと納豆しかなく（笑）、コンビーフを多めの水で温めてしぐれ煮風にし、納豆と七味唐辛子を混ぜ、青ねぎを散らしておかずにしました。なんだか、豊かで愉快な気持ちになったのですが、そんなひと工夫する楽しさも、レシピを通して味わってもらえたらうれしいですね。

この撮影は2011年10月〜12月に行われたものです。

ジェノバソースの展開料理は60-63頁

ジェノバソース

バジルの爽やかな香りがあふれ、
香ばしく炒った松の実がコクを加えます。
作りたてならではのフレッシュな味と
美しい色合いを楽しめるソースです。

作り方

1 松の実は軽く炒り、全体に焼き目がついたら、皿などに取り出して粗熱を取ります。にんにくは半分に切って芯を取り除きます。

2 フードプロセッサーにすべての材料を入れます。

3 ペースト状になるまで混ぜ合わせます。

4 料理に使いやすい柔らかさに調整します。様子をみながら、水を加えて混ぜ合わせます。
※水の量は大サジ1杯位がめやすです。

memo
- 調理時間のめやす：15分ほど。
- 保存期間のめやす：保存容器に入れ、冷蔵庫で2日ほど。

道具
- フードプロセッサー（またはミキサー）

材料（作りやすい分量・約200mℓ）
- にんにく…1/2片
- バジルの葉…40枚
- オリーブ油…大サジ3杯
- パルミジャーノ・レッジャーノ（すりおろし）…大サジ6杯
- 松の実…大サジ6杯
- 有塩バター…大サジ1杯
- 塩…小サジ1杯弱

干し大根の展開料理は64-65頁

干し大根

晴天が続きそうな週を見計らい、
太めに切った大根をじっくり干します。
もどせばしっかりと歯ごたえがあり、
噛むほどに深いうま味がしみ出します。

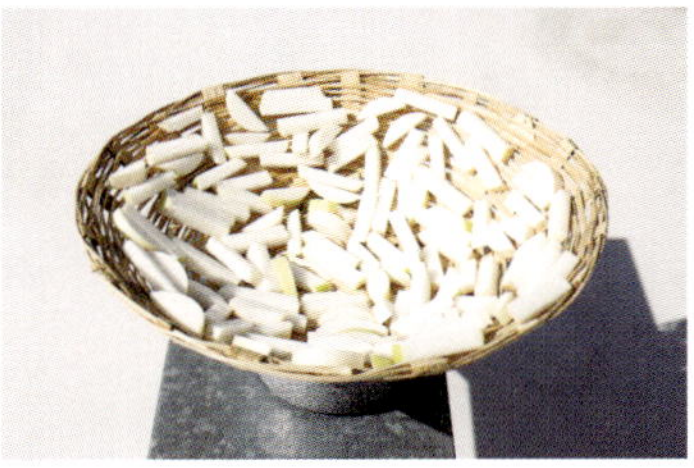

3 盆ザルなどに重ならないように並べ、晴れた日に、風通しのよいところで天日干しにします。朝から干して夕方に室内に取り込みます。

4 天日干しを1週間続けて、しっかりと乾燥させて完成です。

作り方

1 大根は皮つきのまま、厚さ1cmほどの輪切りにします。

2 さらに幅1cmほどに切り、棒状にします。

memo

- 調理時間のめやす：調理に10分ほど、乾燥に1週間ほど。
- 保存期間のめやす：冬季は常温で2カ月ほど。大根は完全に乾燥していないので、カビが生えないよう、密閉せずに保存します。ボールなどに入れ、ラップを軽くかけるとよいでしょう。

道具

- 盆ザル

※鳥や虫などの害を防ぐために、一夜干し用ネットを使っても。

材料（作りやすい分量）

- 大根…1本

きゅうりと カリフラワーの ピクルス

数種のスパイスを加えて漬け込めば、
酸っぱいだけではなく、
華やかな香りと風味が楽しめます。
ワインの手軽なおつまみにもどうぞ。

きゅうりのピクルスの展開料理は66頁
カリフラワーのピクルスの展開料理は67頁

5 清潔な密閉ビンにきゅうりをぴっちり詰め、4を注ぎます。

6 冷蔵庫で2～3日漬けます。きゅうりがムラなく浸るよう、ときどきビンを逆さにします。

作り方・カリフラワーのピクルス

1 カリフラワーは小房に切り分けます。

2 鍋に湯を煮立て、カリフラワーを入れます。再び煮立ったらすぐにザルに上げ、完全に冷まします。

3 小鍋に漬け汁の材料を入れて強火にかけ、かき混ぜます。沸騰したら火を止めて、完全に冷まします。

4 清潔な密閉ビンにカリフラワーの半量をぴっちり詰め、3の半量を注ぎます。残りのカリフラワーと3を加えます。

5 冷蔵庫で2～3日漬けます。カリフラワーがムラなく浸るよう、ときどきビンを逆さにします。

作り方・きゅうりのピクルス

1 きゅうりはまな板に並べて塩を振り、軽く板ずりします。

2 半分の長さに切ってから、タテ半分に切ります。

3 鍋に湯を煮立て、きゅうりを入れます。再び煮立ったらすぐにザルに上げ、完全に冷まします。

4 小鍋に漬け汁の材料を入れて強火にかけ、かき混ぜます。沸騰したら火を止めて、完全に冷まします。

memo

• 調理時間のめやす：調理に30～40分ほど、漬けるのに2～3日ほど。

• 保存期間のめやす：密閉ビンに入れ、冷蔵庫で2カ月ほど。

材料・きゅうりのピクルス

（作りやすい分量・約1ℓ）

• きゅうり…6本　• 塩…少々

◎漬け汁

• 赤唐辛子…1本
• しょうが（うす切り）…1片分
• ローリエ…1枚
• カラーペッパー…大サジ1と1/2杯

※ホワイト、ブラック、ピンク、グリーンのペッパーを混合した市販品。

• クローブ…大サジ1/2～1杯
• ディル（生）…3枝
• 水…カップ1/2杯
• 酢（米酢など好みのもの）…カップ1杯
• 塩、砂糖…各大サジ1と1/2杯

材料・カリフラワーのピクルス

（作りやすい分量・約1ℓ）

• カリフラワー…1コ

◎漬け汁

• レモンの皮（せん切り）…2×4cm分
• 粒黒コショー…大サジ2杯
• ディル（生）…4枝
• 赤唐辛子…3本
• 水…カップ1/2杯
• 酢（米酢など好みのもの）…カップ1杯
• 塩、砂糖…各大サジ1と1/2杯

手打ちパスタ

もちもちとしたおいしさの手打ちパスタが、
家にある道具と材料で簡単に作れます。
少々ふぞろいになっても大丈夫。
ソースがたっぷりからむ縮れ麺になります。

手打ちパスタの展開料理は68-71頁

memo

・調理時間のめやす：40分ほど。

・保存期間のめやす：保存はできないパスタです。時間が経つにつれ乾燥してかたくなるので、食べる直前に作りましょう。

道具

・めん棒

材料（4人分）

・薄力粉…カップ3杯
・玉子…1コ
・塩…2〜3つまみ
・ぬるま湯（60℃位）…カップ1/2杯
・打ち粉（強力粉または薄力粉）…適量

作り方

1-a

1-b

1 ボールに薄力粉、玉子、塩、ぬるま湯を入れます（a）。まず菜箸で混ぜます（b）。
※始めは手で混ぜるとくっついてしまうので、菜箸を使います。

2-a

2-b

2 全体がポロポロとした状態になったら（a）、手でひたすらよくこねます（b）。

3 ひとつにまとまり、表面がなめらかになったら、ラップで包み、常温で10分休ませます。
※休ませた生地は少し柔らかくなります。

4 生地を4等分に切ります。まな板とめん棒に打ち粉をしてから、生地1コを3〜4㎜厚さにのばします。

5-a

5-b

5 全体に打ち粉を振って3つ折りにし（a）、端から細く切ります（b）。2〜3㎜幅がめやすです。

6 少し切ったらほぐし、打ち粉をまぶしておきます。
※切った断面はくっつきやすいので、打ち粉をまぶしながら切ります。

7 残りの生地も、手順4ののばす作業から手順6までをくり返します。でき上がったパスタはバットなどに入れておきます。
※このとき、ラップはかけないようにしましょう。こもった水蒸気でパスタがくっついてしまうことがあります。

point

・小麦粉に含まれる水分量によっては、手順2で生地がポロポロと崩れ、まったくまとまらないことがあるかもしれません。そんなときは、手のひらをぬるま湯でさっと濡らしてこねてみます。くれぐれも、水分を加え過ぎないように注意しましょう。

コンビーフ

かたまり肉を蒸し上げて作るコンビーフは、
ほどよい塩気が効いてジューシー、
缶詰とはまったく違ったおいしさです。
まずはできたてをそのまま味わいましょう。

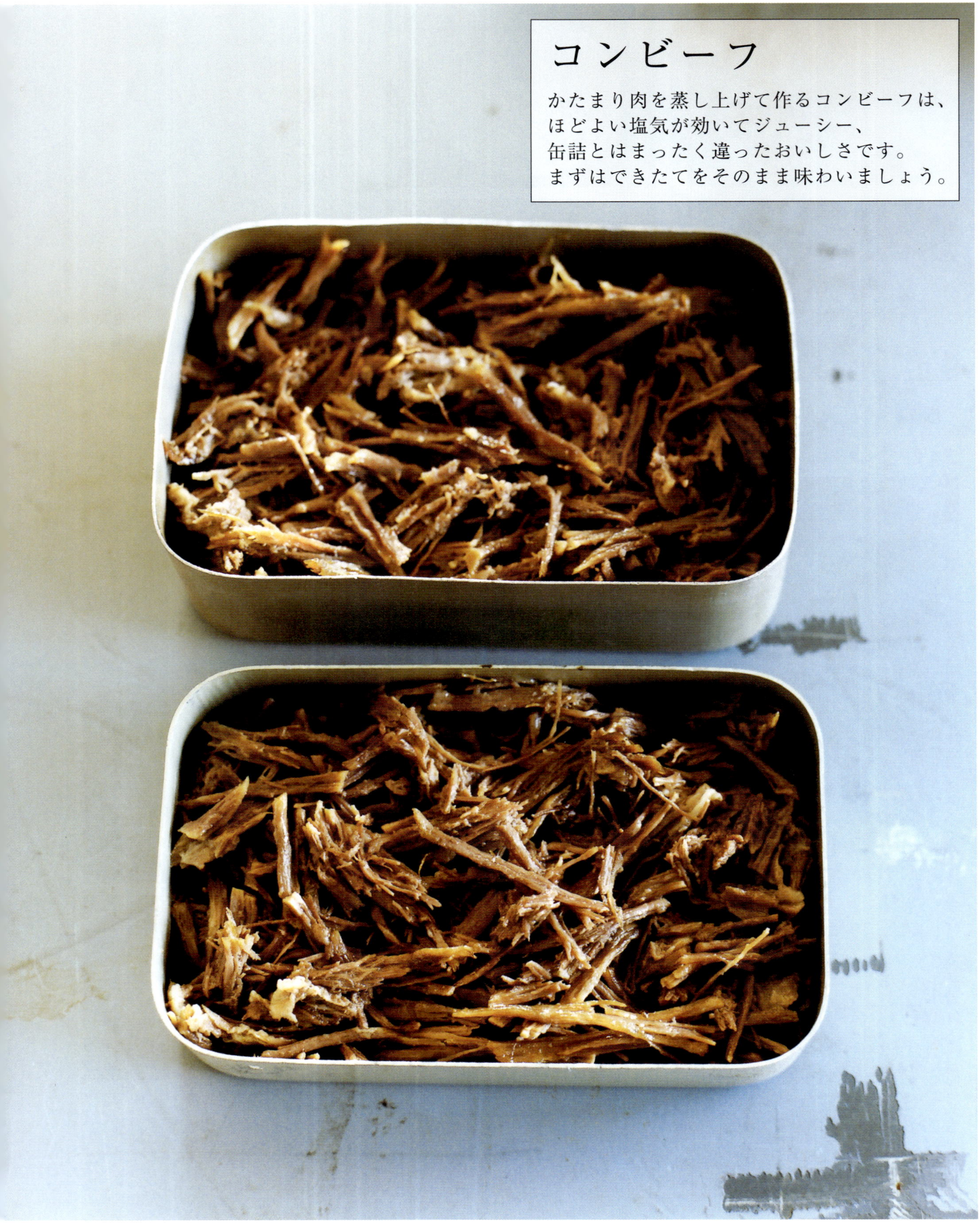

コンビーフの展開料理は72-73頁

memo

- 調理時間のめやす：調理に4時間ほど、下漬けに3〜4日ほど、塩抜きに2.5〜3時間ほど。
- 保存期間のめやす：保存容器に入れ、冷蔵庫で1カ月ほど。ラップで二重に包んで保存用ポリ袋や保存容器に入れ、冷凍庫で2カ月ほど。

道具

- ジッパーつきの保存用ポリ袋
- 大きめの蒸し器

材料（作りやすい分量）

- 牛ももかたまり肉…1kg
- 玉ねぎ…1コ

◎漬け汁

- 水…カップ1杯
- 塩…100g
- 砂糖…大サジ1杯

◎スパイス

- クローブ…小サジ1杯
- コショー…適量
- ローリエ…2枚

作り方

1 玉ねぎはタテ半分に切り、センイに沿って5㎜幅で切ります。もも肉は半分に切ります。

2 小鍋に漬け汁の材料を入れて弱火にかけ、ときどきかき混ぜます。

3 煮立ったら火を止めて、スパイスを加えます。塩と砂糖は溶けきっていなくてもかまいません。

4 鍋に入れたまま、完全に冷まします。

※汁が温かいままだと、次の手順で肉を漬けたとき、肉に火が通ってしまいます。時間がない場合は、鍋ごと氷水に浸して冷ましても結構です。

5 保存用ポリ袋に1の玉ねぎと肉を入れ、4を注ぎます。袋のジッパーを閉じ、液がまんべんなく行き渡るよう、よく振ります。

※振ったあと、ジッパーの端にストローなどを差して空気を吸い出し、密閉状態にすると、より漬かりやすくなります。

6 冷蔵庫に入れて、3〜4日漬けます。

7 玉ねぎなどを取り除き、肉の表面をさっと洗います。ボールに入れて、流水に2時間半〜3時間さらし、塩抜きをします。

8 蒸し器に湯を沸かし、肉を3時間ほど蒸します。途中で湯が少なくなったら、適宜足します。

9 肉の粗熱が取れたら、手でほぐします。外側は塩気が強いので、全体をよく混ぜます。

※冷たくなるとほぐしにくいので、粗熱が取れた位でほぐしましょう。

point

- 冷蔵保存したコンビーフ（または、冷凍を自然解凍したもの）は、脂身が固まっています。そのまま食べる場合は、中火にかけたフライパンで水を加えながら温めると、ジューシーなおいしさがよみがえります。水の量はコンビーフ200gに対して大サジ3〜4杯がめやすです。

- 塩気が効いたしっかりとした味なので、料理に使う場合はシンプルな味つけで済みます。うす切りのかぶと一緒に粒マスタードで和えたり、ゆでたじゃがいもと炒めるなど、いろいろ試してみましょう。

ポン酢

旬の柑橘をぜいたくに使うポン酢です。
しぼりたてならではのフレッシュな香りに、
昆布とかつおぶしがうま味を加えます。
食べるとき、さらに柚子をしぼっても。

ポン酢の展開料理は74-76頁

memo

- 調理時間のめやす：調理に15分ほど、ねかすのに2日ほど。
- 保存期間のめやす：保存容器に入れ、冷蔵庫で2週間ほど。香りがとばない1週間位で食べきるのがおすすめです。

材料（作りやすい分量・約500mℓ）

- しょう油…カップ1杯
- みりん…80mℓ
- 昆布（10×3cm）…4枚
- かつおぶし…25g

◎柑橘類の果汁

- 柚子、かぼす、すだちなどをしぼったもの…カップ1杯分

※ここでは、柚子1コと、かぼすとすだちを各10コ使用。柑橘類の種類や割合は好みで。

作り方

1 昆布は、かたくしぼったぬれブキンで表面の汚れを軽く拭き取ります。

2 しょう油、みりんを小鍋に入れて火にかけます。沸騰したら、弱火にして5分煮ます。

3 鍋に入れたまま、完全に冷まします。

4 ボールに柑橘類の果汁と3を入れ、昆布とかつおぶしを加えます。

5 ボールにラップをかけて、冷蔵庫に入れます。2日ねかせます。

6 昆布を取り除き、ザルで漉して出来上がりです。

※ザルに残ったかつおぶしはしっかりしぼりましょう。

おいしい果汁をブレンドして

このポン酢は、数種類の柑橘の果汁を合わせることで、まろやかな味わいを作り出しています。もうひとつのポイントは、果実をヨコ半分に切り、軽くしぼって果汁を落とすこと。ぎゅっと強くしぼりきると、苦味が出てしまうので注意しましょう。

りんごジャムと
オレンジマーマレード

りんごの色と食感を生かしたジャムは、
シナモンの香りがアクセント。
ほろ苦く甘いオレンジマーマレードは、
果実のみずみずしさが満点です。

りんごジャムの展開料理は78-79頁
オレンジマーマレードの展開料理は77頁

作り方・オレンジマーマレード

1 オレンジはタワシなどでよく洗います。タテ4等分に切り、手で皮をむいて、実と皮に分けます。

2 皮はさらにタテ半分に切ってからヨコにうす切りにし、たっぷりの水に一晩さらして苦みを抜きます。実はさらにタテ2〜3等分に切ってから、1cm幅位に切ります。
※どちらも冷蔵庫に入れておきます。

3 鍋に、実と水気をきった皮、砂糖、レモン汁を入れ、フタを少しずらして弱火にかけます。途中で何度かかき混ぜながら、30〜35分煮て出来上がりです。
※さらっとした煮上がりです。

4 熱いうちに、煮沸消毒しておいたビンに詰め、ひっくり返して自然に冷まします。

point

・ビンとフタは1〜2分煮沸消毒し、乾かしておきます。ビンを取り出すときはトングを使うと便利ですが、必ず写真のように口の上のほうを挟んで持ちます。下のほうを挟むと、熱湯がトングを伝って危険です。

・ビンに詰めるときは、口からやや盛り上がる位たっぷり入れてフタをします。冷めると密閉状態になり、日持ちしやすくなります。

2 鍋にりんごを入れ、砂糖の半量を加えて混ぜます。水分が出るまで、30分ほどおきます。

3 鍋を中火にかけます。フツフツと煮立ってきたら弱火にし、ときどき混ぜながら20分煮ます。

4-a

4-b

4 残りの砂糖、レモン汁、ラム酒、シナモンパウダーを加えます（a）。中火にして3〜5分混ぜながら煮て、出来上がりです（b）。
※さらっとした煮上がりです。ここで煮過ぎないようにしましょう。

5 熱いうちに、煮沸消毒しておいたビンに詰め、ひっくり返して自然に冷まします。
※冷えるとトロミがつきます。

memo

・調理時間のめやす：りんごジャムは1時間ほど。オレンジマーマレードは水にさらすのに一晩、調理に1時間ほど。

・保存期間のめやす：いずれも保存ビンに入れ、冷蔵庫で1カ月ほど。

・時季のめやす：紅玉が出回るのは9月下旬〜10月。紅玉を皮ごと使うことで、美しい紅色に仕上がります。

道具

・厚手で大きめの鍋

材料・りんごジャム

（作りやすい分量・約500mℓ）

・りんご（紅玉2コ、ジョナゴールド1コ）…3コ（総量約800ｇ）
・砂糖…500ｇ
・レモン汁…大サジ4杯
・ラム酒…大サジ1〜2杯
・シナモンパウダー…少々

材料・オレンジマーマレード

（作りやすい分量・約900mℓ）

・オレンジ…3コ
・砂糖…500ｇ
・レモン汁…大サジ1〜2杯

※りんごとオレンジは、なるべく無農薬栽培のものを選びましょう。

作り方・りんごジャム

1 りんごはタワシなどでよく洗います。タテ12等分に切って芯を取り除き、さらにヨコ5mm幅位に切ります。

アイスクリーム

玉子や生クリームを泡立てて合わせたら、
容器に流して冷やし固めるだけ。
甘く、濃厚で、どこか懐かしいアイスは、
手軽なデザートにぴったりです。

アイスクリームの展開料理は80-81頁

memo

• 調理時間のめやす：調理に20分ほど、冷やし固めるのに2〜3時間ほど。

• 保存期間のめやす：保存容器に入れ、冷凍庫で1週間ほど。バットなどフタのない容器を使う場合は、ラップを二重にぴったりとかけ、空気に触れないようにしましょう。

道具

• 大きめのボール3コ
• ハンドミキサー

材料（4〜6人分）

• 玉子…3コ
• 生クリーム…カップ1杯
• 砂糖…70ｇ

作り方

1 玉子を割り、卵白と卵黄に分けます（a）。3つのボールそれぞれに、卵白、生クリーム、卵黄と砂糖を入れます（b）。

2 まず、卵白から泡立てます。ハンドミキサーで、これ以上泡立たないというほど、しっかり泡立てます。
※ミキサーを持ち上げたときに、羽から卵白が落ちない位がめやすです。なお、卵白はほかの材料が入ると泡立ちにくくなるので、必ず始めに泡立てましょう。

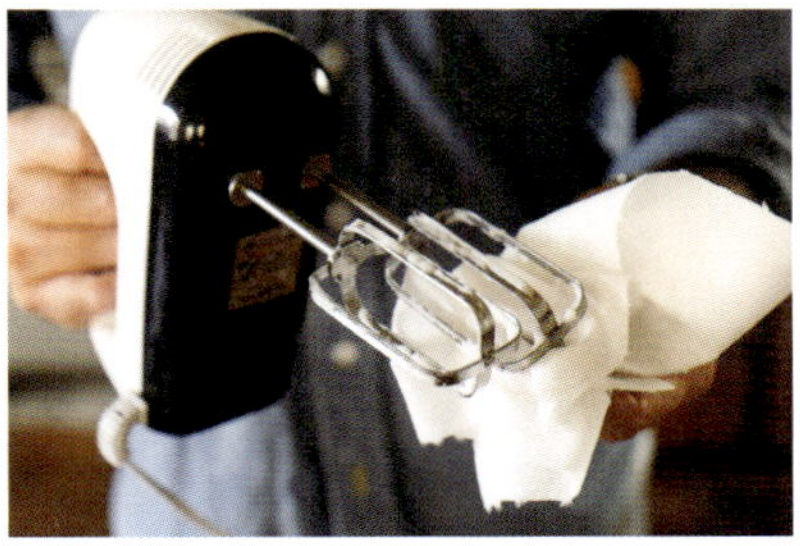

3 キッチンペーパーで、ミキサーの羽についた卵白を軽く拭き取ります。
※羽は洗わないようにしましょう。次の手順で生クリームに水分が入ると、泡立ちにくくなります。

4 次に生クリームを八〜九分立てにします。
※ミキサーを持ち上げたときに、立ったツノがそのまま残る位がめやすです。

5 最後に、卵黄と砂糖をミキサーにかけます。全体が白っぽくなって、ミキサーの筋が残る位まで泡立てましょう。

6 生クリームのボールに、卵白を2〜3回に分けて加えながら、ヘラでさっくりとよく混ぜ合わせます。

7 さらに、5を2〜3回に分けて加え、その都度よく混ぜ合わせます。
※卵黄は底にたまりやすいので、全体が均一の色になるまで、しっかり混ぜ合わせましょう。

8 容器に流し入れ、冷凍庫で2〜3時間ほど冷やし固めます。

じゃがいもとベーコンのジェノバ風パスタ

フレッシュで濃厚なバジルのソースに、大きめに切ったベーコンとしゃっきりとしたメークインが相性抜群。歯ごたえとうま味満点のひと皿です。

材料（2人分）

- じゃがいも（メークイン）…2コ
- ベーコン（1cm厚さ）…100g
- リングイネ…160g
- ジェノバソース…大サジ3〜4杯
- オリーブ油…大サジ1杯
- 塩、コショー…各適量

作り方

1　じゃがいもは皮つきのままうす切りにし、1cm幅の短冊切りにします。ベーコンは1cm幅に切ります。

2　鍋に湯を沸かして塩を入れ、リングイネを指定時間より1分短くゆでます。ゆで上がる直前に、ゆで汁をお玉に軽く1杯取り分けます。

3　フライパンを中火で熱してオリーブ油をひき、じゃがいもとベーコンを炒めます。

4　全体に少し焼き目がつき、じゃがいもが透き通ったら、ジェノバソースを加えてからめます。

5　ソースが全体になじんだら、水気をきったリングイネとゆで汁を加えて混ぜ合わせます。味をみて、塩・コショーして味をととのえます。

展開レシピ　ジェノバソースの作り方は46頁

◎ポイント

じゃがいもは2㎜厚位のやや厚めのうす切りにし、炒め過ぎないようにすると、メークイン独特のしゃきしゃきとした歯ごたえを楽しめます。また、最後に味をみて物足りない場合は、塩を強めに効かせてみるとよいでしょう。

1

4

5

鶏肉のジェノバ風ソテー

皮目をパリッと焼き上げた鶏もも肉に、ジェノバソースをからめます。ジューシーな焼きトマトもソースに加え、爽やかな香味を味わいましょう。

材料（2人分）

•鶏もも肉…2枚
•ミニトマト…10コ
•ジェノバソース…大サジ3〜4杯
•オリーブ油…大サジ1杯
•塩、コショー…各少々　•ルッコラ…適量

作り方

1　鶏肉は脂身を取り除きます。身側は庖丁で1cmおき位に切り込みを入れ、皮目は庖丁の先で数カ所刺します。

2　フライパンを熱してオリーブ油大サジ1/2杯をひき、鶏肉の皮目を下にして入れます。塩とコショーを振ってから、フタをして弱めの中火で焼きます。

3　焼き目がついたら返し、もう片面もフタをして焼きます。中まで火が通るよう、じっくりと焼いていきます。

4　両面に焼き目がついたら、キッチンペーパーで、肉やフライパンの余分な水気と油を拭き取ります。

5　再び皮目を下にして、オリーブ油大サジ1/2杯を足して焼きます。フライパンの空いているところにトマトを加えて、一緒に焼きます。

6　皮目がパリッとしたら、ジェノバソースを加えて、全体にまんべんなくからめます。

7　器に肉を盛ってフライパンのソースをかけ、トマトをのせて、コショーを振ります。ルッコラを添えていただきます。

展開レシピ　ジェノバソースの作り方は46頁

◎ポイント

鶏もも肉は身が厚いので、まずはじっくりと中まで火を通し、それから皮目をパリッと香ばしく焼き上げます。手順4で水気や油をしっかり拭き取ることが、じょうずに仕上げるコツです。

展開レシピ　干し大根の作り方は47頁

干し大根の漬けもの

昆布と唐辛子の風味が効いた、
松前漬けのようなひと品です。
軽くもどした干し大根の
コリコリとした歯ごたえを楽しみます。

材料（2〜3人分）
- 赤唐辛子…2本
- 干し大根…1/2本分（約40g）　• 昆布（3×5cm）…1枚

A
- しょう油…大サジ3杯
- みりん、砂糖、酢…各大サジ1杯

作り方

1　熱湯と水を2対3で混ぜ、ボール1杯ほどのぬるま湯を用意します。干し大根を4〜5分つけて軽くもどしてから、少し揉み洗いをして汚れを落とします。

2　昆布はかたくしぼったぬれブキンで軽く拭きます。唐辛子はヘタを取り、種を取り除きます。

3　小鍋にAを入れてひと煮立ちさせ、昆布と唐辛子を加え、そのままおいて粗熱を取ります。ここに、水気をしぼった干し大根を加えます。

4　3を保存用ポリ袋に入れ、一晩冷蔵庫で漬けます。

5　漬け込んだ昆布を細かく刻みます。ボールなどで全部を和えて、器に盛りつけます。

◎ポイント
干し大根は好みで、もどす時間を長くとっても結構です。

3

干し大根と鶏肉の煮もの

干し大根にぎゅっと詰まったうま味と鶏もも肉のコクが合わさり、こっくりとした味わい。ダシいらずで、手早く作れる煮ものです。

材料（2〜3人分）

•干し大根…$\frac{1}{2}$本分（約40g）　•鶏もも肉…1枚

•しょうが…1片　•わけぎ…3本　•ごま油…大サジ$\frac{1}{2}$杯

A

•水…カップ2$\frac{1}{2}$杯　•しょう油、みりん…各大サジ2杯

•オイスターソース…大サジ$\frac{1}{2}$杯

作り方

1　熱湯と水を1対1で混ぜ、ボール1杯ほどのぬるま湯を用意します。干し大根を30分つけてもどし、少し揉み洗いをして汚れを落としてから、ザルに上げて水気をきります。

2　鶏肉は脂身を取り除き、小さめのひと口大に切ります。しょうがはうす切りに、わけぎは斜めうす切りにします。

3　鍋を熱してごま油をひき、鶏肉を入れて強火で炒めます。

4　全体に焼き目がついたら、Aとしょうが、干し大根を加えます。煮立ったら中火にし、フタをして15分煮ます。途中で何度か混ぜます。

5　器に盛り、わけぎを散らします。

1

4

展開レシピ　干し大根の作り方は47頁

展開レシピ
きゅうりのピクルスの作り方は48-49頁

白身魚のソテー タルタルソース添え

粗みじんのピクルスがたっぷりの、手作りタルタルソース。淡白な白身魚をぐんとおいしくします。

材料（4人分）

- 白身魚の切り身（タラなど）…4切れ
- わけぎ…4本
- きゅうりのピクルス…2コ
- 玉ねぎ…1/4コ
- マヨネーズ…大サジ3杯
- サラダ油…大サジ1杯
- コショー、薄力粉…各適量

2

3

作り方

1　わけぎは5㎝長さに切ります。

2　タルタルソースを作ります。ピクルス、玉ねぎは粗みじん切りにし、玉ねぎは水に5分さらして水気をしぼります。ピクルス、玉ねぎ、マヨネーズ、コショーを混ぜ合わせます。

3　フライパンを熱してサラダ油をひきます。魚の水気をキッチンペーパーで拭き取り、薄力粉をまぶして中火で焼きます。

4　焼き目がついたら返し、もう片面も焼きます。フライパンの空いているところにわけぎを加え、一緒に焼きます。

5　両面に焼き目がつき、わけぎがしんなりしたら焼き上がり。器に盛ってタルタルソースをかけ、コショーを振ります。

ピータンとピクルスの和えもの

ピリッとスパイシーなカリフラワーと
独特な風味のピータンを、
ごま油が中華風にまとめます。
せん切りしょうががアクセントです。

材料（2〜3人分）
- カリフラワーのピクルス…7〜8コ（約100g）
- ピータン…2コ
- 長ねぎ…1/2本
- しょうが…1片
- ごま油…大サジ1杯
- オイスターソース…小サジ1/2杯

作り方

1　ピクルスは5㎜厚さに切ります（a）。ピータンはカラをむき、タテ8等分に切ります（b）。長ねぎはみじん切りに、しょうがはせん切りにします。

1-a

1-b

2　ボールにごま油とオイスターソースを混ぜ合わせます。1をすべて加えて和え、器に盛りつけます。

◎ポイント
ここでは漬けたてのピクルスを使いましたが、好みによっては、長く漬け込んだものを使っても。よりスパイシーな味わいになり、ビールのおつまみにもぴったりです。

展開レシピ　カリフラワーのピクルスの作り方は48-49頁

ミートソースパスタ

トマトのまろやかな酸味が生きた、牛肉100％のミートソース。煮込み時間は短くても、味は本格派です。太めの手打ちパスタによく合います。

材料（4人分）

- 手打ちパスタ…4人分
- 牛ひき肉…300g
- ブラウンマッシュルーム…1パック（5コ）
- 玉ねぎ…$\frac{1}{2}$コ
- にんじん…$\frac{1}{2}$本　・にんにく…2片
- ホールトマト缶…1缶（400g）
- 水…カップ$\frac{1}{2}$杯
- オレガノ（ドライ）…小サジ2杯
- オリーブ油…大サジ$1\frac{1}{2}$杯
- イタリアンパセリ、パルミジャーノ・レッジャーノ…各適量
- 塩、コショー…各適量

作り方

1　マッシュルームはうす切りにします。玉ねぎとにんじんはみじん切りに、にんにくは芯を取り除いてみじん切りにします。イタリアンパセリは粗みじん切りにします。

2　フライパンを熱してオリーブ油をひき、にんにく、玉ねぎを加えて弱火で炒めます。玉ねぎがしんなりしたら、ひき肉を加えて強火にし、ほぐしながら炒めます。

3　肉の色が少し変わったら、にんじん、マッシュルームの順に加え、塩とコショーを振り、しんなりするまで炒めます。

4　ホールトマト缶を開け、キッチンバサミを差し込んでトマトをザクザク刻み、汁ごと3に加えます。水、オレガノも加え、弱火で15分煮ます。途中で何度か混ぜます。

5　味をみて、塩・コショーして味をととのえます。

6　鍋に湯を沸かして塩を加え、パスタをほぐしながら入れます。1分半〜2分ほどゆでて水気をきり、5に加えて和えます。

7　器に盛り、パルミジャーノ・レッジャーノをピーラーで削って振りかけます。イタリアンパセリを散らし、コショーを振ります。

2

3

4

6

展開レシピ　手打ちパスタの作り方は50-51頁

えびとほうれん草のクリームソースパスタ

旬のほうれん草をたっぷりと使います。
アンチョビがうま味を醸し出し、
にんにくがふわっと香る、
大人のクリームソースパスタです。

材料（4人分）

- 手打ちパスタ…4人分
- ほうれん草…1束
- むきえび…250g
- にんにく…2片
- アンチョビ…4枚
- 生クリーム…カップ1杯
- オリーブ油、塩、コショー…各適量

作り方

1　ほうれん草は塩を加えた湯でさっとゆで、流水でよく洗って水気をしぼり、4～5cmの長さに切ります。

※洗うときに、水によくさらして、ほうれん草のえぐみを抜きましょう。

2　むきえびは、背ワタがあれば庖丁を入れて取り除きます。にんにくは芯を取り除いてみじん切りにし、アンチョビは庖丁でたたいてペースト状にします。

3　フライパンを熱してオリーブ油大サジ1杯をひき、にんにくを加えて弱火で炒めます。香りが立ったらえびを加え、中火にして炒めます。

4　えびの色が変わったら、ほうれん草を加えてさっと炒めます。生クリームを注ぎ（a）、アンチョビを加え、強めの中火にして2～3分煮詰めます（b）。味をみて、塩・コショーして味をととのえます。

5　鍋に湯を沸かして塩を加え、パスタをほぐしながら入れます（a）。1分半～2分ほどゆでて水気をきり、4に加えて和えます（b）。器に盛り、オリーブ油少々をかけます。

◎ポイント
手順4では、生クリームにトロミをつけつつ、えびには火を通し過ぎないように注意しましょう。強めの中火で、あくまで短時間で煮詰めることがコツです。

展開レシピ　手打ちパスタの作り方は50-51頁

コンビーフの作り方は52-53頁

コンビーフのサンドイッチ

カリカリに焼いたトーストをかじれば、ジューシーなコンビーフとクリームチーズ、ルッコラや玉ねぎの香味が重なり合い、なんとも絶妙なおいしさです。

材料（2人分）

- コンビーフ…200g
- パン（カンパーニュ。1cm厚さにスライスしたもの）…4枚
- リーフレタス…2〜3枚
- ルッコラ…1/2袋
- 玉ねぎ…1/4コ
- 有塩バター、クリームチーズ、コショー、マヨネーズ…各適量

作り方

1　リーフレタスはひと口大にちぎります。ルッコラは根元を切り落とし、半分の長さに切ります。玉ねぎはタテにうす切りにし、氷水に5分さらしてから、水気をしっかりきります。

2　冷蔵保存や自然解凍したあとのコンビーフを使う場合は、よく温めてから使います。フライパンに入れて中火にかけ、水大サジ3〜4杯をかけて温めます（53頁参照）。

3　パンはトースターでこんがり焼きます。2枚1組にし、1枚の片面にバター、もう1枚の片面にはクリームチーズを塗ります。

4　パンの上に、リーフレタス、コンビーフを重ね、コショーを振ります。さらに、ルッコラ、玉ねぎを重ねます。マヨネーズをかけ、コショーを振って、もう1枚のパンで挟みます。

5　かたくしぼったぬれブキンをかけてなじませ、食べやすく切ります。

コンビーフの炊き込みご飯

肉のうま味を吸ったご飯は
意外なほどあっさりと上品な味わいで、
箸がどんどん進みます。
青ねぎをたっぷりかけてどうぞ。

材料（4人分）
- コンビーフ…100g
- 米…2合
- ぎんなん（水煮）…1缶
- 青ねぎ（小口切り）…適量
- 日本酒、みりん…各大サジ1杯
- しょう油…少々

作り方

1　米は洗って水気をきり、炊飯器に入れます。目盛りに合わせて水を加え、そこから水大サジ2杯を抜きます（a）。日本酒、みりんを加えて混ぜ、コンビーフと水気をきったぎんなんをのせて（b）、ふつうに炊きます。

2　炊き上がったら、しゃもじでさっくりと混ぜます。味をみながらしょう油を加えて混ぜ、味をととのえます。

3　器に盛り、青ねぎを散らしていただきます。

◎ポイント
コンビーフに塩気がしっかりついているので、手順2では、しょう油は隠し味程度に加えましょう。

1-a

1-b

展開レシピ

コンビーフの作り方は52-53頁

うすカツのおろしポン酢がけ

サクサクに揚げたうすカツに、
自家製ポン酢を惜しみなくかけます。
衣がじゅわっと吸い込んだ、
まろやかな風味を楽しみましょう。

材料（2人分）

- 豚肩ローススライス…8枚（約150g）
- 大根、キャベツ、トマト…各適量
- 塩、コショー…各少々
- 溶き玉子…1コ分
- 薄力粉、パン粉（ドライ）、揚げ油…各適量
- ポン酢…適量

作り方

1　豚肉はまな板に広げて並べ、片面に軽く塩・コショーします。大根はおろして軽く水気をしぼり、キャベツはせん切りに、トマトはクシ切りにします。

2　豚肉に薄力粉をまぶし、溶き玉子にくぐらせてから、パン粉を押さえながらしっかりとつけます。

3　フライパンに揚げ油を深さ1cmほど入れて、中温（170℃前後）に熱します。パン粉を揚げ油に入れたとき、一瞬間をおいてパッと散る位が適温のめやすです。

4　中火にし、豚肉を4枚ずつ揚げ油に入れます。

※ここでは直径28cmのフライパンを使いました。小さいフライパンを使う場合は、肉が重なり合わないように、入れる枚数を調整してください。

5　衣が固まってきたら、ときどき返しながらしっかり揚げます。油に入れた直後は衣がはがれやすいので、触らないようにしましょう。

6　全体がきつね色になってきたら、火を強めてカラッと揚げます。残り4枚も同様に揚げます。

7　うすカツを器に盛ります。大根おろしをのせてポン酢をかけ、キャベツ、トマトを添えます。

展開レシピ　ポン酢の作り方は54-55頁

刺身とセロリの和えもの

ポン酢にごま油を加えて和えることで、赤身の刺身も濃厚なおいしさに。セロリのしゃきしゃきとした歯触りとみずみずしさが清涼感を添えます。

材料（2〜3人分）
- 刺身の盛り合わせ（好みのもの）…250g
- セロリ…1本
- 青ねぎ…6本

A
- ポン酢…大サジ2〜3杯
- ごま油…大サジ1杯　・砂糖…1つまみ

作り方
1　セロリは葉と茎に分けます。葉は数枚を食べやすい大きさにちぎります。茎はピーラーで皮をむき、めん棒でたたき、ひと口大にちぎります。青ねぎは小口切りにします。
※セロリはたたいてちぎることで、味がしみ込みやすくなります。
2　ボールにAを混ぜ合わせ、刺身、セロリ、青ねぎを加えて和えます。

◎ポイント
ここでは、赤身と白身の魚、イカ、えびの盛り合わせを使いました。青魚以外の刺身なら、何でもよく合います。

1

2

マーマレードパンケーキ

生地に混ぜ込んだマーマレードが、ほのかに甘く香ります。
ホイップクリームやメイプルシロップは多めにトッピングしてもよいでしょう。

材料（2人分）
- オレンジマーマレード…大サジ3杯
- 玉子…1コ
- 牛乳…カップ1/2杯
- 有塩バター…大サジ1杯
- サラダ油…適量
- ホイップクリーム（生クリームカップ1/2杯、砂糖大サジ1/2杯を混ぜ合わせてホイップしたもの）…適量
- トッピング用の有塩バター、メイプルシロップ…各適量

A
- 薄力粉…100g
- ベーキングパウダー…小サジ1 1/2杯
- 塩…少々

作り方

1　ボールに玉子を入れて泡立て器で溶きほぐし、マーマレードを加えてよく混ぜます。牛乳、溶かしたバターを加えてよく混ぜます。

2　Aを粉ふるいに入れ、1に一気にふるい入れます。泡立て器かゴムベラで、粉っぽさがなくなってなめらかになるまで、よく混ぜます。

3　フライパンを熱してサラダ油少々をひきます。生地をおたま1杯弱とって丸く流し入れ、弱めの中火で焼きます。焼き色がついたら返して両面を焼き、焼き上がったものは冷めないように重ねておきます。様子をみながらサラダ油を足し、次々焼いていきます。

4　器に盛ってバターをのせ、ホイップクリーム、メイプルシロップをかけます。

展開レシピ
オレンジマーマレードの作り方は56-57頁

ヨーグルトレアケーキ

ヨーグルトにりんごジャムを混ぜ合わせ、酸味のなかに甘さの漂うレアケーキにしました。バターの香る、サクサクの台が名わき役。食後のデザートにもおすすめです。

材料（15㎝角の型1台分）

・りんごジャム…大サジ3～4杯
・プレーンヨーグルト…300㎖
・ビスケット…大5枚（約75g）
・有塩バター…40g
・粉ゼラチン…5g
・熱湯…カップ1/4杯

A

・生クリーム…カップ1/2杯
・砂糖…大サジ1杯
・レモン汁…大サジ1杯
・ラム酒…小サジ1杯

作り方

1　ボールに金ザルを重ね、その上にキッチンペーパーをしき、ヨーグルトを入れて15分位水きりをします。

※キッチンペーパーは、ヨーグルトを吸い込まないよう、不織布などのしっかりした素材のものを使いましょう。

2　ビスケットの台を作ります。ビスケットはポリ袋に入れ、スプーンなどでたたいて細かく砕きます。ボールに入れて溶かしバターを加え、よく混ぜます。型に入れ、スプーンや指で押さえながらしっかりとしき詰めます。ラップをかけて冷蔵庫で冷やしておきます。

3　熱湯に粉ゼラチンを加え、よく混ぜて溶かします。

展開レシピ　りんごジャムの作り方は56-57頁

4　ボールにヨーグルトとA、ジャムを入れて、スプーンでよく混ぜ合わせます。さらに、さっとぬらした茶漉しでゼラチンを漉しながら加え、よく混ぜます。

5　4を型に流し入れ、ラップをして冷蔵庫で3時間以上冷やし固めます。スプーンなどですくって器に盛りつけます。

1

2

4

5

◎ポイント

さっぱりとした甘さながら、溶かしバターを加えたビスケットの台がアクセントになっています。ここでは全粒粉ビスケットを使って粗めの食感を出しましたが、もっと軽めのビスケットを使っても、サクサク感は充分楽しめます。なお、軽めのビスケットの場合は、全量75gをめやすに枚数を増やしてください。

展開レシピ　アイスクリームの作り方は58-59頁

ベリーシェイク

口の中ではじける、ベリーのつぶつぶ感。
さっぱりとした後味のシェイクは、
ハチミツや練乳で甘さを調整すれば、
また違ったおいしさを楽しめます。

材料（2人分）
- アイスクリーム…カップ1杯
- 冷凍ミックスベリー…100g（カップ1杯強）
- 牛乳…カップ$\frac{1}{4}$杯　・砂糖…適量

作り方

1　フードプロセッサーにミックスベリー、アイスクリームを入れて混ぜ合わせます。

2　よく混ざったら、牛乳を加えて、なめらかになるまで混ぜ合わせます。様子をみて、好みよりもまだかたかったら、さらに牛乳を適量（分量外）足して混ぜます。

3　味をみて、好みの甘さになるまで、砂糖を加えて混ぜ合わせます。

◎ポイント
ここで使った冷凍ベリーは、ブルーベリーやラズベリーなどがミックスされた商品です。手に入りにくい場合は、好みの冷凍ベリーを1種類使ってもおいしく作れます。

1

チョコレートパフェ

定番のパフェを家で作ってみましょう。
器はふつうのグラスでも大丈夫。
側面にまわしかけるチョコレートソースで、
ぐっとパフェらしく仕上がります。

材料
- アイスクリーム…適量
- チョコレートソース…適量
- 板チョコレート…適量　・バナナ…適量
- ホイップクリーム（生クリームカップ1/2杯、砂糖大サジ1/2杯を混ぜ合わせてホイップしたもの）…適量

作り方

1　板チョコレートは庖丁で細かく刻みます。バナナは食べやすい大きさに切ります。

2　器を回しながら、側面にチョコレートソースをかけます。アイスクリームを入れてチョコレートソースをかけ、板チョコレートを散らします。

3　さらにアイスクリームを盛って、板チョコレートを散らします。ホイップクリームを添え、板チョコレートを散らします。バナナを飾って出来上がりです。

◎ポイント
ホイップクリームは盛りつけるまでの間、冷蔵庫でよく冷やしておきましょう。

展開レシピ　アイスクリームの作り方は58-59頁

飛田和緒さんの自家製レシピ

写真　齋藤圭吾（82～119頁）　スタイリング　高橋みどり（84～1

ふだんのご飯は土鍋で炊く。自家製のおかずによく合う。

たくさんの道具が使いやすいように置かれ、出番を待つ台所。

短い旬を逃さず、季節ごとの自家製を楽しんでいる。

地元の旬の野菜をいろいろな漬けものにして味わう。

母の味、自分の味

いまは毎年、季節ごとにいろいろな保存食や果実酒などたくさんのものを作っています。もともと母がまめに自分で手作りしていて、その姿を見ていたり、その味に親しんできたということが影響したのでしょう。でも、わたしがひとり暮らしを始めたころは、市販品もわりと多く食べていましたし、「それでもいいじゃない」と思っていました。それが、30歳になる前くらいに、自分の好きなものを自分で作ってみて、手作りの本当のおいしさに気づきました。手をかけたぶん、やっぱりおいしいと。そして、欠かせない習慣になりました。自分の好みに味を作ることができて、いつもうちにある、常備できるというのは大きな魅力です。

毎年、冬になると白菜をたくさん漬け込みます。いま住んでいる湘南では、特産の大根や白菜がとてもおいしいので、自然とそれらを使ったものが多くなります。今回ご紹介したキムチ(90頁)のほか、塩漬け、中華風の甘酢漬けなど数種類の漬け方をします。そして大根は、甘酢漬けやしょう油漬け、切り干し大根など。そのほか、毎年必ず作るのは、干し柿(96頁)、柚子こしょう(94頁)、干しきのこや干しいも、りんごのジャムやコンポートなどです。

「この時季になったら、これを作らなきゃ」と毎年思う、決まった「季節の手作り」があります。たとえばわたしは、春から夏にかけては梅干しや梅酒などの梅仕事を中心に、らっきょうやしょうが漬けに精を出します。そうした歳時記的に毎年欠かさず作るものと、旬のよい素材が手に入ったらさっと作るものがあって、自家製食品のビン詰めやホウロウ容器が冷蔵庫に並んでいます。一年を通して、そうしたものがいくつかあると、毎日の献立の助けにもなるのです。また、わたしにとって、忙しい毎日のなかでそうしたものを仕込むときの単純作業は、淡々と無心になれる大切な時間です。

豚肉のリエット

ディップにしたり、料理の具にしたり。
使い勝手のよいフランスの保存食、
豚肉と野菜の煮込みペーストです。
香り高い風味が食欲を誘います。

豚肉のリエットの展開料理は98-100頁

memo

• 調理時間のめやす：ねかせるのに1晩、調理と仕上げに3～4時間。

• 保存期間のめやす：保存容器に入れ、冷蔵庫で1週間ほど。

材料（作りやすい分量・約700mℓ）

• 豚バラかたまり肉…200ｇ
• 豚肩ロースかたまり肉…200ｇ
• にんじん…1/2本
• にんにく…3～4片
• 玉ねぎ…小1コ
• エシャロット（白い部分）…5～6コ
• 塩…小サジ1～2杯

◎下味

• ローリエ…5～6枚
• タイム、パセリ、セージなどフレッシュハーブ（ドライでもよい）…適量
• 粒黒コショー…8粒ほど
• 白ワイン…適量（400～600mℓほど）

作り方

1-a

1-b

1 豚肉はそれぞれひと口大に（a）、にんじんは皮をむいてうす切りに（b）、にんにく、エシャロットもうす切りに、玉ねぎは1cm幅位に切ります（あとで煮込んでつぶせるような大きさにします）。

2 深めのバットやボールに1と下味の材料を入れ、白ワインをヒタヒタに注ぎ入れ、ラップで覆って冷蔵庫で一晩ねかせます。

2-a

3-b

3 鍋に2を漬け汁ごとすべて入れ（a）、フタをして中～弱火で2時間ほど煮込みます（b）。途中何度か様子をみて、煮汁が充分に減って、肉と野菜が柔らかくなるまでよく煮込みます。

4-a

4-b

4 汁気が半分ほどに減ってトロトロに煮えたら火を止め、ローリエとハーブ類を取り除いて、あつあつのうちに豚肉をフォークなどでていねいにつぶします（a）。つぶしてみてから汁気が多いようなら、もう少し煮詰めます（b）。

5 味をみて、塩で味をととのえます。ディップにしたり、料理の具として食べるものなので、ややしっかりとした味にします。

6 保存容器に入れて上にローリエを1枚（分量外）のせ、完全に冷めたら冷蔵庫で1～2時間ねかせます。

point

• 香味野菜、フレッシュハーブの風味がおいしさのポイントです。数種類のハーブを入れましょう。

• 白ワインは、あまり酸味や甘味の強過ぎない、オーソドックスなものがおすすめです。

自家製

えのきのしょう油煮の展開料理は101頁

えのきのしょう油煮

いわゆるなめたけです。
簡単に作れて、しっかりとした
甘辛い味が白いご飯にぴったりな、
定番の作り置き料理です。

3 中火を保ったまま、焦げないようかき混ぜながら煮詰めます（a、b）。

4 汁気がなくなったら出来上がりです。そのまま食べるときは、好みで七味唐辛子を振るのもおすすめです。

作り方

1 えのきは、すべて根元を切り落とし、手で細かくほぐします。

2 鍋にすべての調味料を合わせ入れて中火にかけ、煮立ってきたら、えのきをすべて加えます。

memo
- 調理時間のめやす：20分ほど。
- 保存期間のめやす：保存容器に入れ、冷蔵庫で1週間ほど。

材料（作りやすい分量）
- えのき…3袋
- しょう油、日本酒…各カップ1/4杯
- 砂糖、みりん…各大サジ1杯

みょうがのしょう油煮の展開料理は102-105頁

みょうがのしょう油煮

しょう油とみりんの風味のなかに、
みょうがの香りが効いています。
毎日の食卓にもお弁当にも、
あると便利な常備菜のひと品です。

作り方

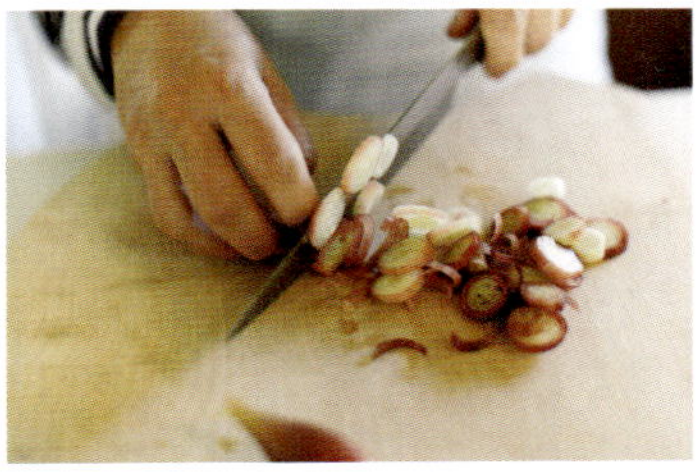

1 みょうがはすべて小口切りにします。

2 径のやや大きい鍋に、最初にみりんを入れて中火にかけ、一度煮切ってアルコール分をとばしてから、しょう油を加えます。

3 煮立ったところにみょうがを加え（a）、ときどき混ぜながら中火のまま煮詰め（b）、汁気がなくなったら出来上がりです。

memo
- 調理時間のめやす：20分ほど。
- 保存期間のめやす：保存容器に入れ、冷蔵庫で2週間ほど。

材料（作りやすい分量・約600mℓ）
- みょうが…30コ
- しょう油、みりん…各大サジ2杯

ツナの展開料理は106-107頁

ツナ

オイル漬けではなく、オリーブ油を加えて水煮にするので、とても簡単。そして、ふっくら柔らか、ジューシーに仕上がります。

作り方

1 メカジキはひと口大に切り、バットなどの容器の上でまんべんなく塩を振って、しばらくおきます。

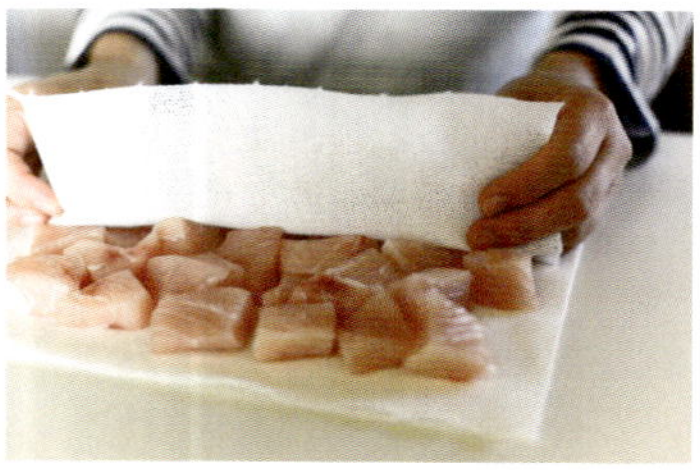

2 水分が出てきたら、表面の水気をしっかりと拭き取ります。

3 鍋に湯を沸かし、2のメカジキを7〜8分ほどゆでます（a）。火が通ったら、ゆで上がりにオリーブ油をまわしかけて（b）、そのまま冷まします。粗熱が取れたら、煮汁ごと保存容器に入れて、冷蔵庫で保存します。

memo
- 調理時間のめやす：30分ほど。
- 保存期間のめやす：保存容器に入れ、冷蔵庫で4〜5日ほど。

材料（作りやすい分量）
- メカジキ（切り身）…大6枚（約600ｇ）
- 塩…小サジ2杯
- オリーブ油…カップ1/4杯

塩きのこの展開料理は108-110頁

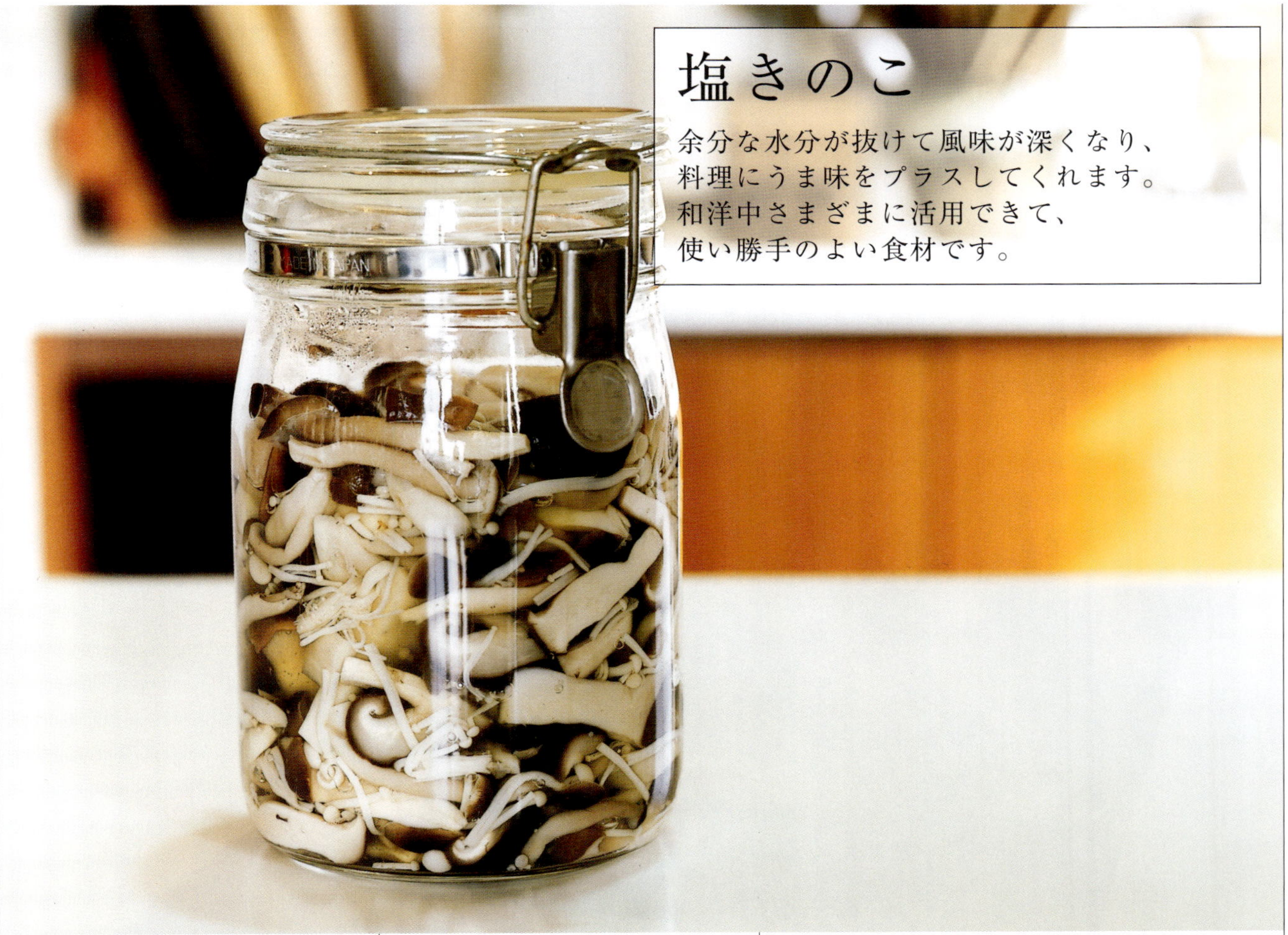

塩きのこ

余分な水分が抜けて風味が深くなり、
料理にうま味をプラスしてくれます。
和洋中さまざまに活用できて、
使い勝手のよい食材です。

作り方

1 きのこはそれぞれ石突きを取り除き、好みの大きさに切ります。エリンギは手で裂き、しめじは小房に分けます。

2 たっぷりの湯に1をすべて入れ、再び沸いたら、ザルに上げて水気をきります。

3 熱いうちに耐熱性の保存ビンなどに入れ、塩を加えてざっくりと混ぜ、2〜3時間おきます。耐熱容器がない場合は、ボールなどで塩を加え混ぜ、粗熱が取れてから保存容器に入れて2〜3時間おきます。

4 きのこに充分塩がなじんで、汁気が出てきたら出来上がりです。そのまま冷蔵庫に入れて保存します。

memo

- 調理時間のめやす：調理に20分、ねかせるのに2〜3時間ほど。
- 保存期間のめやす：保存容器に入れ、冷蔵庫で1週間ほど。

材料（作りやすい分量・約800mℓ）

- 椎茸…8枚
- しめじ…1パック
- エリンギ…4本
- えのき…大1袋
- 塩…小サジ2杯

白菜キムチ

少量でもおいしく仕込めるレシピです。
キムチの素の味のバランスがポイント。
しっかりとした辛さのなかに、
複雑で深みのある味わいが生まれます。

白菜キムチの展開料理は111-112頁

memo

• 調理時間のめやす：準備（天日干しと下漬け）で1日、キムチ漬けで1時間ほど、ねかせるのに1晩。

• 保存期間のめやす：保存容器に入れ、冷蔵庫で1カ月ほど。

道具

• 大きめのザル1枚
• 仕込み容器（ホウロウの寸胴容器など。10ℓ程度）1コ
• 重石（3kgと1kg）各1コ

材料（作りやすい分量）

• 白菜…1株（約2kg）
• 塩…大サジ3〜4杯
• 上新粉（または粥）…大サジ3〜4杯
• ナムプラー…大サジ3杯

A　キムチの素（うま味）

• シジミ…250g　• 煮干し…40g
• 干しスルメイカ（細切り）…30g
• アミの塩辛（またはイカの塩辛）…120g　• 昆布（細切り）…30g

B　キムチの素（甘味）

• りんご（すりおろし）…1コ分
• にんじん（せん切り）…1本分

C　キムチの素（香味）

• 長ねぎ（5cm長さの細切り）…1本分
• ニラ（5cm長さ）…1/2束分
• せり（5cm長さ）…1束分
• おろしにんにく…大サジ3杯
• おろししょうが…大サジ3杯

D　キムチの素（辛味）

• 韓国産粉唐辛子（または一味唐辛子）…カップ1杯

作り方

◎白菜を干します

1　白菜は外側をさっと洗い、根元から白い部分に六等分から八等分に庖丁を入れ、手で裂き割ります。

2　晴れた日に、切った白菜を日のあたる場所でザルなどにすべて広げて、半日ほど天日干しにします。

◎下漬けします

3　白菜の葉に塩をまぶします。塩が葉の間に入りやすいように、芯の部分まで広げるようにして、まんべんなく、特に白い部分はしっかりと塩をまぶします。

4　仕込み容器に、3の白菜をひとつずつギュッと押しながら（a）、底からできるだけすき間なくしき詰めて入れ、最後にもよく押します（b）。押しブタをして3kg（白菜の1.5〜2倍ほど）の重石をしておきます（c）。

5-a

5-b

5　そのまま一晩漬けておきます。充分に水分が出ていなければ、白菜全体を裏返して再度漬けます。白菜がかぶる位の水分がしっかりと出たら（a、b）、重石を1kgに減らしてまた漬けておき、その間に9までの作業を行います。

◎キムチの素を作ります

6　鍋にAのシジミと煮干しを入れ、水1ℓ（分量外）を加えて中火にかけてダシを取ります。

7　煮立ったら火を弱め、煮汁が半量位になるまで煮詰めてから、サラシやキッチンペーパーをかけたザルで漉して別の鍋に移します。

8　7のダシに、上新粉を加えて混ぜ、トロミがつく程度まで中火にかけます。粥を使う場合は、火にはかけずに混ぜます。

9-a

9-b

9-c

9　大きなボールにAの残りの材料、B、C、Dの材料をすべて入れ、8とナムプラーを加え（a）、手でしっかりとまんべんなく混ぜ合わせます（b、c）。
※肌の敏感な方や手に傷がある方は、ポリエチレン製やゴム製などの清潔な手袋の着用をおすすめします。

◎白菜を漬け込みます

10　5の塩漬けの白菜を、さっと水洗いしてから、全体をよくしぼってしっかりと水分を出します（サラシや巻きすを使うとしぼりやすくなります）。このとき味見をして、塩気が強過ぎると感じたら、もう一度洗って、再度よくしぼって塩気を調整します。

11-a

11-b

11　バットなどに、10の白菜を外側の葉を下にして置き、葉をめくりながら、下から一枚ずつすべての葉の間に9のキムチの素を塗って挟み込みます（a）。最後に表面にもキムチの素を塗りながら、全体を軽く押さえて、中に含んでいる空気を追い出し、白菜を折り曲げるようにして小さくまとめます（b）。すべての白菜を同様にします。

キムチの素で作る即席キムチ4種

手順9でできたキムチの素が余ったら、いろいろなキムチを作ることができます。塩もみして10〜15分ほどおいた野菜に和えるだけの即席キムチです。塩もみのあと水分をしぼり、味をみて塩気が強いようなら軽く洗ってまたしぼります。キムチの素と和えて1時間ほどで味がなじみます。日持ちはしないので、2〜3日で食べきりましょう。

〔カクテキ〕

材料（作りやすい分量）

• 大根…6cm　• 塩…適量　• キムチの素…適量

作り方

大根は洗って皮をむき、1cm厚さに切ってからひと口大の角切りにし、塩もみしてからよくしぼり、キムチの素と和えます。

〔オイキムチ〕

材料（作りやすい分量）

• きゅうり…1本　• 塩…適量　• キムチの素…適量

作り方

きゅうりは塩をして板ずりし、3cm長さに切ってからめん棒などで軽くたたいておきます。水気をしぼって、キムチの素と和えます。

〔かぶとたらこのキムチ〕

材料（作りやすい分量）

• かぶ…2コ　• たらこ…1/2腹　• 塩…適量　• キムチの素…適量

作り方

かぶはよく洗って、茎は3cmほどの長さに切り、白い部分は皮をむいて5mmほどの厚さに切って、ともに塩もみしておきます。水分が出てきたらよくしぼります。器の中でたらこをほぐしてキムチの素を加え、かぶとかぶの茎も加えて和えます。

〔セロリキムチ〕

材料(作りやすい分量)

• セロリ…1本

• 塩…適量

• キムチの素…適量

作り方

セロリは洗っておよそ幅1cm×長さ5cmに切り、塩もみしておきます。水気をしぼって、キムチの素と和えます。

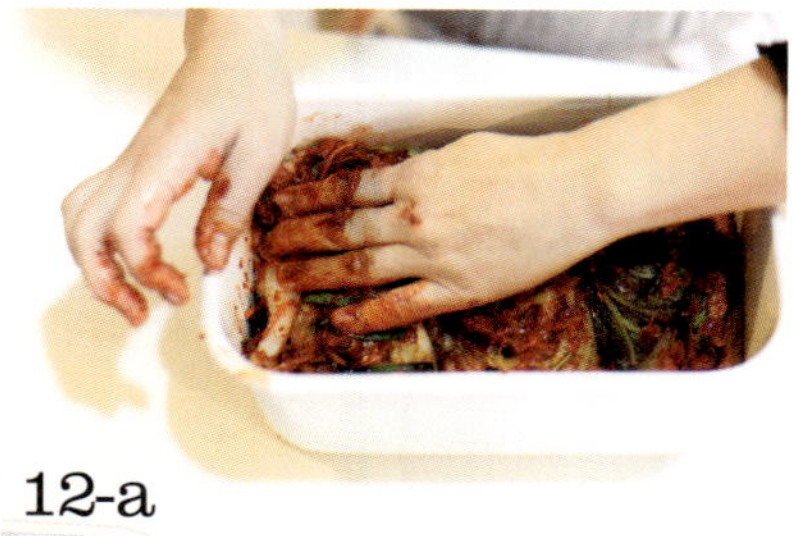

12-a

12-b

12-c

12 保存容器に詰めます。しっかりとすき間のないように詰め（a）、空気に触れないようにラップなどで覆ってからフタを閉め（b、c）、一晩常温に置いてから冷蔵庫に入れます。1週間後位から食べごろです。

point

• 最初に白菜を天日で干すことで、適度に水分が抜け、甘味が増します。さらに塩漬けでしっかりと水分を抜くのがポイント。キムチの素が浸透してよく漬かります。水抜きが不充分だと味も水っぽくなります。

• うま味、甘味、香味、辛味のバランスに気をつければ、韓国産粉唐辛子やアミの塩辛など手に入りにくい材料はほかのもので代用してもかまいません。とはいえ、韓国の唐辛子は辛いだけでなく甘味やうま味があるのが特徴です。粗挽きとパウダーのものをブレンドして使うと、さらに辛さに深みがでておすすめです。

柚子こしょうの展開料理は113-115頁

柚子こしょう

柚子が安価になる冬に作るのがおすすめ。
皮のほのかな甘味でまろやかに仕上がり、
鍋ものにはもちろん、
万能調味料として活躍します。

作り方

1 青唐辛子はタテ半分に切って種を取り除き、5mm幅ほどに刻みます。

2 ミキサーに1と塩を入れて撹拌します。ときどきスイッチを切って混ぜながら、ペースト状にします。

3 黄柚子はよく洗ってから、おろし金で外皮の黄色い部分だけをすりおろします。白い部分が入ると苦味になるので、なるべく入らないようにします。

4 保存容器に2と3を入れて混ぜ合わせ、冷蔵庫で2週間ほどねかせて出来上がり。

point

• 青唐辛子は夏、黄柚子は冬のものなので、夏に手順2まで作って冷蔵保存しておき、冬に黄柚子を合わせて仕上げるのもよいでしょう。また、夏に青唐辛子と青柚子で作ってもおいしくできますが、青柚子が少々高くつくのと、青柚子で作ると長期保存がむずかしいようですし、苦みが出ることがあります。

memo

• 調理時間のめやす：調理に1時間ほど、熟成に2週間。
• 保存期間のめやす：保存容器に入れ、冷蔵庫で1年ほど。早めに使いきれる量に小分けして保存してください。

道具

• ミキサー

材料（作りやすい分量・約500mℓ）

• 青唐辛子…500g
• 黄柚子…大5～6コ
• 塩…70～100g

金柑の蜜煮の展開料理は116-117頁

金柑の蜜煮

甘味と酸味、皮の淡いほろ苦さがおいしい。丸ごと仕上げることで、見た目にも美しく、口の中ではじける食感もポイントです。

作り方

1 金柑はよく洗って、竹串でヘタを取り、破裂防止に皮の数ヵ所に穴をあけます。

2 1を鍋に入れ、ハチミツと砂糖を加え、ヒタヒタ位の水を加えて弱火にかけ、紙ブタをして煮ます。

3 15～20分ほど静かに煮て、皮の色が濃くなったら火を止めます。火を入れすぎると皮がはじけてしまうので注意してください。そのまま冷ませば出来上がり。

point

- 金柑は、ものによっては苦味の強いことがあります。その場合、一度ゆでこぼすと苦味が抑えられます。調理する前に味見をするとよいでしょう。

memo

- 調理時間のめやす：1時間ほど。
- 保存期間のめやす：保存容器に入れ、冷蔵庫で1カ月ほど。
- 時季のめやす：金柑が出回るのは12月～2月ごろ。

材料（作りやすい分量）

- 金柑…20コ
- ハチミツ、上白糖…各カップ1/2杯

干し柿

途中で揉み込むことがおいしさのポイント。
長く干せば保存性は高まりますが、
果肉がかたくなります。
好みの仕上がりを見極めましょう。

干し柿の展開料理は118-119頁

memo

- 調理時間のめやす：下ごしらえに1時間、干すのに1〜1.5カ月ほど。
- 保存期間のめやす：室内の冷暗所で2〜3週間ほどはおいしく食べられます。日にちが経つほど乾燥してかたくなります。
- 時季のめやす：渋柿が出回るのは9月〜11月ごろ。

道具

- ひも（麻ひもなど切れにくいもの）

材料（作りやすい分量）

- 渋柿…25コ
- 焼酎（消毒用）…適量

作り方

1-a

1-b

1 渋柿は水で洗って、下側から皮をむき始め（a）、ヘタと枝の部分だけを残します。食べるとき皮が口に入らないように、ヘタの下に皮が残らないようきれいにむきます（b）。

2 50cm位のひもを5本用意し、1の柿をしばります。今回は1本のひもに5コ吊るします。吊るすとき下になる端からつけていきます。

3-a

3-b

3 ひもを交差させて輪をひとつ作り（a）、吊るすときに上になる側からもうひとつの輪を作って最初の輪にくぐらせます（b）。

4 くぐらせた輪の中に柿の枝の部分を入れたら、下端側のひもを引いてしばってから上端側のひもを引いて締めます。

5 同様にほかの柿も、くっつかないように間隔を空けて、ひもでしばっていきます。

※今回は、タテに連ねて物干しに吊るしましたが、ご自宅の環境に合わせて、工夫してください。柿同士がくっつかないこと、雨などに濡れないことがポイントです。

6-a

6-b

6 すべての柿を吊るしたら（a）、霧吹きなどでカビ防止の焼酎をすべての柿にまんべんなく吹きつけます（b）。

7 軒下など、風通しがよく雨のあたらない場所に吊るして干します。

8-a

8-b

8 1週間ほどしたら様子をみて、表面が乾いていたら（a）、破れないようやさしく柿を揉みます（b）。中心までまんべんなく渋みが抜けて柔らかく仕上がります。

9 3〜4日おきに柿を揉み、1〜1.5カ月干します。気温が充分に下がると表面に白い粉（糖分が結晶化したもの）が吹きます。

リエットのオムレツ

牛乳を加えてふんわり仕上げるオムレツです。口に入れれば、柔らかな玉子の中から、リエットならではの複雑な風味、肉と香味野菜のおいしさが立ち上ります。

材料（2人分）

・豚肉のリエット…大サジ2〜3杯
・玉子…4コ
・ケチャップ…大サジ1杯
・砂糖…小サジ1/2杯
・塩…1つまみ
・牛乳…大サジ1杯
・オリーブ油…大サジ1杯

作り方

1　リエットと玉子は常温にもどしておきます。ボールに玉子を割り入れて、調味料と牛乳を加えて、空気を含ませるようにしっかりとかき混ぜます。

2　フライパンを中火にかけ、オリーブ油をひいてよく熱してから、1の玉子液を一気に流し入れます。

3　菜箸で大きく混ぜながら焼き、半熟ほどに固まってきたら、玉子の中央にリエットを広げます。

4　玉子のフチにぐるりと菜箸を入れて、フライパンの向こう側から手前に玉子を半分に折ってリエットを包みます。

5　手早く形を整えて器に盛ります。

展開レシピ　豚肉のリエットの作り方は84-85頁

◎ポイント
今回のレシピでは、ふんわりと仕上げるように牛乳を使いましたが、よりコクを出すなら、生クリームを使ってもよいでしょう。また、バターを使わずに、ケチャップと砂糖を入れる甘めの味つけにすることで、リエットの塩気とのバランスがよくなります。フライパンを火から離したりしながら、半熟のうちに手早く成形するのが、ふっくらとしたオムレツに仕上げるコツです。

1

3

展開レシピ
豚肉のリエットの作り方は84-85頁

温野菜のリエット添え

温かな蒸し野菜に、
リエットをのせるだけ。
根菜の味をそのまま楽しみながら、
深い味わいを添えるひと品です。

材料（2人分）

- 豚肉のリエット…カップ1/2杯位
- 里いも…2コ　•じゃがいも（男しゃく）…2コ
- にんじん…1本　•れんこん…80g

作り方

1　強火で湯を沸かして蒸し器を準備します。蒸し器がない場合、大きめの鍋、アミやザル、皿などで代用し、フタの内側をフキンで包むようにして、鍋の中に蒸気が充満し、野菜が湯につからないようにします。

2　野菜類をすべてよく洗います。里いもとじゃがいもはそのまま、にんじんは2cm厚さの輪切りにします。れんこんはピーラーで皮をむいて2cm厚さの輪切りにし、変色防止にしばらく水にさらしておきます。

3　蒸し器のお湯が充分に沸いたら、野菜を並べ入れます。

4　10〜15分ほど蒸して、それぞれの野菜に竹串を刺してみて、スッと通れば蒸し上がりです。

5　里いもとじゃがいもを食べやすい大きさに切ります。今回は、じゃがいもは上下を少し切ってヨコ半分に、里いもは同様に切ってから、食べるとき皮をむきやすいように少し皮をむいておきます。

6　すべての野菜を皿に並べ、それぞれの上にリエットをのせて出来上がりです。

なめたけの和えもの

塩もみしたきゅうりと和えるだけ。
しっかりと味がついた
えのきのしょう油煮だから、
ごくシンプルにさっぱりといただきます。

材料（2人分）
•えのきのしょう油煮…大サジ2杯
•きゅうり…1本　•白ごま…少々
•塩…少々

作り方
1　きゅうりは3～4㎝長さほどの斜めうす切りにしてから、細切りにし、塩をして10～15分ほどおきます。
2　1のきゅうりをしぼって水をきります。
3　ボールに2とえのきのしょう油煮を入れて和えます。
4　器に盛り、上から白ごまを振ります。

◎ポイント
きゅうりを塩もみするだけで、ほかに味つけはしません。なめたけの味を生かすシンプルな和えもので、えのきに合わせて細切りにしたきゅうりの歯ごたえと白ごまの香りがアクセントです。

1

2

3

えのきのしょう油煮の作り方は86頁

みょうがの混ぜ寿司

酢は抑えめで、独特の香味がポイント。
甘辛く煮つけたみょうがが、
きゅうり、ちりめんじゃこ、ごまといった
さっぱりとした具によく合います。

材料（2〜3人分）

- みょうがのしょう油煮…大サジ4杯
- 米…2合
- きゅうり…1/2本
- ちりめんじゃこ…大サジ3杯
- 白ごま…大サジ1杯
- 玉子…1コ
- 太白ごま油（またはサラダ油）…適量
- 塩、砂糖…各少々
- 寿司酢（市販のもの）…大サジ4杯

作り方

1　ご飯は通常通りに炊きます。

2　錦糸玉子を作ります。ボールに玉子を割りほぐして砂糖を加え、切るように混ぜます。

展開レシピ

みょうがのしょう油煮の作り方は87頁

3　フライパンに油を少しひいて中弱火にかけ、玉子液が薄く広がる位の量を流し入れて焼きます。

4　フチが白く乾くように焼けてきたら、竹串や菜箸などで裏返し、裏面をさっと焼いたら、ザルなどの上に広げて冷まします。あとで細切りにするので、多少破れてもかまいません。

5　残りの玉子液も同様に薄焼きにして冷ましたら、重ねて巻いて、端から細切りにします。

6　きゅうりは薄く輪切りにして、小さめのボールに入れ、塩を振って塩もみします。

7　6のきゅうりがしんなりしてきたら、水分を手でしぼります。

8　みょうがのしょう油煮、5の錦糸玉子、7の塩もみしたきゅうり、白ごま、ちりめんじゃこ、すべての具を用意しておきます。

9　ご飯が熱いうちに、あれば飯台や寿司桶、またはボールに移して、寿司酢を加え、ご飯を切るようにまんべんなく混ぜます。

10　9に錦糸玉子以外の具を混ぜます。

11　器に盛って、仕上げに錦糸玉子をたっぷり散らします。

3

4

8

10

鶏ソテーのみょうがソース

パリッと表面を焼きつけた、香ばしい口あたりのシンプルな鶏ソテーは、にんにくと焼き油を生かしたみょうがソースの香りが、さらに食欲をそそります。

材料（2人分）
- みょうがのしょう油煮…大サジ2杯
- 鶏もも肉…1枚（約250g）
- 太白ごま油（またはサラダ油）…大サジ1杯
- 塩…小サジ1/2杯
- にんにく…1片

作り方

1 鶏もも肉は皮目を下にして置き、厚みのある部分をそぐように斜めに途中まで庖丁を入れて開き、全体の厚みをそろえます。

2 鶏肉全体に塩を振り、手でなじませておきます。

3 フライパンに油をひき、つぶしたにんにくを入れて中火にかけます。

4 にんにくの香りが立ったら、にんにくを取り出し、鶏肉を皮目からフライパンに入れてフタをせずに焼きます。

5 皮がこんがりとした色とパリッとした歯ごたえになるよう、しっかりと焼きます。焼けたら裏返して中まで火を通します。

6 両面が焼けたら、フライパンの油を残して鶏肉を取り出しておきます。

7 フライパンの火を弱め、残しておいた油にみょうがのしょう油煮を加えてさっと混ぜ、ソースにします。

8 鶏肉が熱いうちに、食べやすい大きさに切って皿に盛り、7のソースを上からかけます。

◎ポイント
鶏肉は、ほかの部位でも作れますが、ジューシーで弾力のある皮つきのもも肉がおすすめです。皮にしっかり焼き目をつけ、香ばしく焼くことがポイント。先に皮目を焼いてから、返して中まで火を通します。しっかり焼くので、厚みに差があると焼きムラができてしまいます。最初に庖丁を入れて厚さを均一にする下ごしらえが大切です。

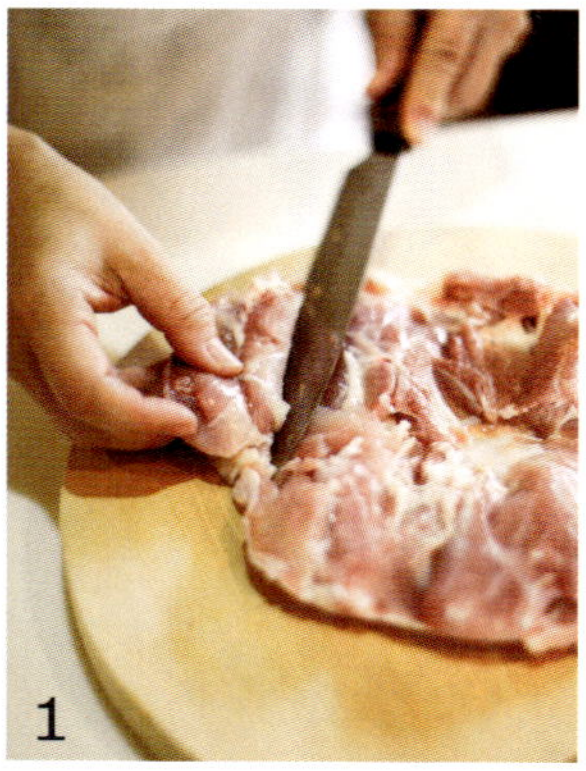
1

5

7

みょうがのしょう油煮の作り方は87頁

ツナサラダ

クルトンもドレッシングも自家製です。
ドレッシングは、隠し味のみそと
赤玉ねぎの香味がポイントです。
ツナは、ほぐさずにそのままの食感を生かします。

ツナの作り方は88頁

材料（2人分）

・ツナ…適量 ・好みの野菜（今回はレタス、きゅうり、ミニトマトを使用）…適量 ・玉子…1コ

クルトン（作りやすい分量）

・食パン…1枚 ・オリーブ油…小サジ2杯

ドレッシング（作りやすい分量）

・卵黄…1コ分 ・赤玉ねぎ…1/8コ ・塩…小サジ1/4杯 ・砂糖…大サジ1杯 ・酢…大サジ4杯 ・オリーブ油…カップ1/3杯 ・みそ…小サジ2杯 ・マスタード…少々

作り方

1 玉子をややかためにゆでておきます。

2 野菜はすべて食べやすい大きさに切ります。ゆで玉子は冷めたら1/4のクシ切りにします。

3 クルトンを作ります。食パンを約1cm角に切り、オリーブ油をひいたフライパンに入れて中火にかけ、ときどき返しながら、カリカリになるまで焼きつけます。

4 ドレッシングを作ります。赤玉ねぎはみじん切りにし、塩少々（分量外）をしておきます。

5 別のボールに卵黄、塩、砂糖、酢を合わせ入れ、オリーブ油を何回かに分けて少しずつたらして、よく攪拌し乳化させます。

6 4の玉ねぎをさっと水にさらし、キッチンペーパーなどで包んで、軽くしぼって水をきって5に加え、みそ、マスタードを合わせて、さらによく混ぜます。

7 器に野菜、ツナ、ゆで玉子を盛りつけ、クルトンを散らしてからドレッシングをかけます。ツナはほぐさずそのまま使います。

ツナのサンドイッチ

柔らかくてジューシーな、自家製ツナのおいしさをそのまま味わえるのが、このサンドイッチの特長です。ツナを一度炒めて下味をつけるのがポイントです。

材料（2人分）

- ツナ…カップ1杯（約160g）
- ツナの汁…大サジ2～3杯
- 食パン（小サイズ）…6枚
- しょう油…小サジ$\frac{1}{2}$杯
- 砂糖…小サジ$\frac{1}{2}$杯
- マヨネーズ…大サジ2～3杯
- 塩…少々　•パセリ…1枝
- 有塩バター、マスタード…各適量

作り方

1　ツナをすべて手で細かくほぐします。パセリはみじんに刻んでおきます。

2　食パンは、3枚にバターを、もう3枚にマスタードを塗っておきます。

3　フライパンを中火にかけ、1のツナとツナの汁を加えて炒めます。

4　しょう油と砂糖を加えてさらに炒め、汁気をとばします。

5　ほとんど汁気がなくなったら、ツナをボールに移して粗熱を取り、マヨネーズで和え、塩で味をととのえます。

6　1のパセリのみじん切りを5に加え、まんべんなく混ぜます。

7　6を3等分して、バターを塗ったパンに塗り広げ、マスタードを塗ったパンで挟みます。それぞれ残りも同様にパンに挟んで、食べやすいよう好みの形に切ります。

1

3

展開レシピ　ツナの作り方は88頁

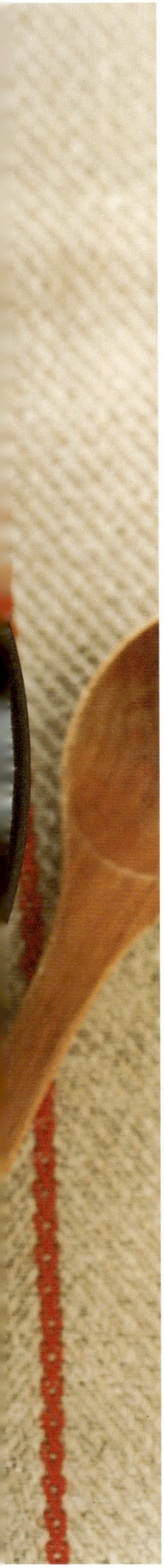

塩きのこのクリーム煮

ひと口めから、豊かな香りとうま味が広がります。ダシの役割をする塩きのこと、生クリームとサワークリームのまろやかな風味で、いっそう深みのある味わいになります。

材料（2人分）
- 塩きのこ…カップ$1\frac{1}{2}$杯
- 玉ねぎ…$\frac{1}{4}$コ
- にんにく…$\frac{1}{2}$片
- 生クリーム…カップ1杯
- オリーブ油…大サジ1杯
- みそ…小サジ1杯
- サワークリーム…大サジ1杯

作り方

1 にんにくはうす切りにし、玉ねぎは半分に切り、センイにそって5㎜ほどの厚さにスライスします。

2 フライパンにオリーブ油を入れ、にんにくを加えて弱火にかけ、こんがりと炒めます。

3 玉ねぎを加えて、中火で炒めます。

4 玉ねぎがしんなりしたら、塩きのこを加えてさらに炒めてから、生クリームを加えます。

5 生クリームにトロミがついてきたら、火を弱めてみそを溶き入れ、よく混ぜます。

6 最後にサワークリームを混ぜ溶かして仕上げます。

展開レシピ　塩きのこの作り方は89頁

◎ポイント
塩きのこ自体が持っている塩味を生かすシンプルレシピですが、隠し味のみそが独特の風味と味の奥行きを与えてくれます。また、塩きのこはすでに火を入れてあるので、生の玉ねぎとはタイミングを違えてフライパンに加えます。玉ねぎにある程度火が通ってからフライパンに加えることで、火の通りをそろえます。

塩きのこの炊き込みご飯

ダシを使わなくても、とってもふくよかな味わい。
具と白米を一緒に炊くだけですが、
うま味たっぷりの塩きのこがダシの働きをするので、
数種の根菜とともに、深みのある味に仕上がります。

展開レシピ
塩きのこの作り方は89頁

材料（2〜3人分）
- 塩きのこ…カップ1½杯
- 米…2合
- ごぼう（細）…20g
- にんじん…30g
- 油揚げ…½枚
- しょうが…1片
- れんこん…30g
- うす口しょう油…小サジ1杯

作り方

1　米をといで浸水させておきます。

2　塩きのこは1㎝角ほどの大きさに切り、ごぼうはうす切りに（太いごぼうの場合はタテ半分に切ってから斜めうす切りに）、にんじんはさいの目切りに、油揚げは粗みじん切りに、しょうがはせん切りにします。

3　れんこんはタテ6等分にしてから2㎜ほどのうす切りにし、水にしばらくさらしてからザルに上げておきます。

4　1の米に、ふつうに炊くときよりもやや少なめに加減した水とすべての具を加え、うす口しょう油を入れて炊きます。

2

4

◎ポイント
塩きのこに含まれる水分があるので、通常よりも水をやや少なめに調節することが、おいしくふっくら炊き上げるポイントです。

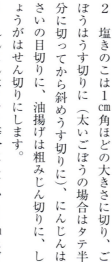

キムチの炒めもの

複雑なうま味としっかりとした辛味の本格キムチには、ふんわりと仕上げた、少し甘めの玉子がよく合います。玉子は別に炒め、最後に合わせるのがポイントです。

材料（2人分）

- 白菜キムチ（食べやすく刻んだもの）…カップ1/2杯
- 豚バラ肉…100g　• 玉子…2コ
- 砂糖…小サジ2杯　• 塩…少々
- 太白ごま油（またはサラダ油）…適量
- 日本酒…少々
- ナムプラー（またはうす口しょう油）…少々

6

7

作り方

1　豚バラ肉は食べやすい大きさに切ってから全体に軽く塩を振り、手でしっかりとなじませておきます。

2　ボールに玉子を割りほぐし、砂糖を加えてよく混ぜます。

3　フライパンに油をひき、中火にかけて充分に熱してから、2の玉子液を一気に流し入れます。

4　大きくかき混ぜながら半熟位まで炒めて、取り出しておきます。

5　フライパンに油をひいて強火にかけ、豚バラ肉を入れて日本酒とナムプラーを加え、よく炒めます。

6　豚肉に火が通ったら、キムチを加えてさらに炒めます。

7　中火にして4の玉子を戻し入れ、軽く炒め合わせます。

展開レシピ　白菜キムチの作り方は90-93頁

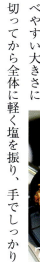

展開レシピ　白菜キムチの作り方は90-93頁

キムチヂミ

表面はカリッと香ばしく、中はしっとり。風味豊かなキムチのピリ辛と、イカ、玉ねぎとの組み合わせはぴったり。あつあつのうちにいただくのもポイントです。

材料（直径約20cm1枚分）
- 白菜キムチ（食べやすく刻んだもの）…カップ1/2杯
- イカ…1/2杯　・玉ねぎ…1/2コ　・ダシ…カップ1杯
- 薄力粉…150g　・片栗粉…大サジ1杯
- 太白ごま油（またはサラダ油）…大サジ2杯　・ごま油…少々

作り方

1　イカは6〜7mm幅、3cm長さほどに切り、玉ねぎはうす切りにします。
2　ボールに油以外の材料をすべて入れてよく混ぜます。
3　フライパンに太白ごま油をひいて中火にかけてよく熱し、2を流し入れて丸く広げて焼きます。
4　きつね色の焼き色がつき、カリッとするまでよく焼きます。
5　裏返して、軽く押しつけてよく焼き、香りづけのごま油を鍋肌からたらして仕上げます。

※キムチの味がついていますが、好みでタレをかけてもよいでしょう。タレは、同量の酢としょう油、白ごま少々、万能ねぎや長ねぎの刻んだもの適量を混ぜます。

2

5

柚子こしょうの和えもの

あっさりとしたもやしとちくわの組み合わせ。そのシンプルさゆえ、自家製ならではの香り高い柚子こしょうが決め手になります。もうひと品、というときに便利な簡単和えものです。

材料（2人分）

- もやし…1/2袋
- ちくわ…小1本
- うす口しょう油…少々
- 柚子こしょう…適量

作り方

1　もやしは水で洗ってひげ根を取り除いておき、ちくわは細切りにします。

2　鍋に湯を沸かし、1のもやしをさっと湯通しします。

3　粗熱が取れたら、軽く水気をしぼります。

4　ボールにちくわを入れて3のもやしを合わせ混ぜ、柚子こしょうを加えて和えます。

5　うす口しょう油を加えて味をととのえ、器に盛って、好みで柚子こしょうを添えます。

1

4

展開レシピ

柚子こしょうの作り方は94頁

かぶとオイルサーディンの柚子こしょうグリル

香ばしくグリルしたかぶとサーディン。その香ばしさによく合う、柚子こしょうソースがピリッと味わいを引き締めます。

材料（2人分）

・かぶ…2コ
・オイルサーディン…小ぶりのもの8枚

ソース

・柚子こしょう…適量
・しょう油…小サジ1/2杯
・オリーブ油…大サジ1杯

作り方

1　かぶは葉を落として、泥などを洗い流してから水気をよく拭き、1cm厚さに切ります。

2　フライパンの場合、オリーブ油（少々・分量外）をひいて中火にかけて、かぶとオイルサーディンを焼きます（a、b）。グリルパンなどの場合は素焼きでもよいでしょう。

3　柚子こしょう、しょう油、オリーブ油を混ぜ合わせ、ソースを作ります。

4　かぶ、オイルサーディンともに、両面にしっかりと焼き目がついたら、器に盛ります。カナッペのように、すべてのかぶの上にオイルサーディンをのせます。オイルサーディンはものによって大きさが違いますので、大きいものの場合は適宜切ってのせます。

5　4の上に3のソースを好みの量かけます。

◎ポイント

カナッペのようなこの料理では、大きさもおいしさを左右します。オイルサーディンは、レシピの分量では小ぶりのもの8枚としていますが、小ぶりのものならグリルしてそのまま、大ぶりなものなら半身にしたうえで、かぶの大きさに合わせて切ってのせます。また、ソースにもオリーブ油を使いますし、オイルサーディンにはすでに油が含まれているので、グリルパンなどで油を使わず焼いたほうが、香ばしく仕上がります。

柚子こしょうの作り方は94頁

2-a

3

2-b

4

金柑の蜜煮の作り方は95頁

金柑のオードブル

さっと手早く、最初のひと皿になる便利な一品。甘味を抑えた小さなオードブルは、ふだんの食卓はもちろん、ちょっとした集まりでもテーブルの彩りになります。

材料（2人分）
- 金柑の蜜煮…3コ
- クリームチーズ…20g

作り方
1 金柑はヨコ半分に切って、竹串などを使って種を取り除きます。
2 すべての金柑の切り口にクリームチーズを少しずつのせて、器に盛ります。

◎ポイント
酸味のある柑橘類とチーズは、実は相性ぴったり。蜜煮で甘味が加わった、ほんのり苦味のある皮に、クリームチーズのコクが深い味わいをもたらします。金柑の風味を生かすため、クリームチーズは、プレーンタイプのものを選びます。好みで、金柑のシロップをたらしてもよいでしょう。

1

2

金柑茶

そのまま食べてもおいしい金柑の蜜煮。
果肉が含んだ蜜の甘味と
ほんのり苦味のある皮の風味が溶け出して、
ごくシンプルながらほっとするおいしさです。

材料（1人分）
• 金柑の蜜煮…1〜2コ　• 金柑の蜜煮のシロップ…大サジ2〜3杯
• 湯…カップ1/2〜3/4杯

作り方
1　湯を沸かします。
2　耐熱グラスなどに半分に切った金柑とシロップを入れ、湯を注いでひと混ぜして出来上がり。金柑をつぶして風味を出してもよいでしょう。

金柑のアイスクリーム添え

金柑の蜜煮にアイスクリームを添えるだけで、
ちょっと気の利いたデザートのひと皿に。
金柑の甘味、酸味、苦味が、
バニラアイスによく合います。

材料（1人分）
• 金柑の蜜煮…2〜3コ　• バニラアイスクリーム…適量
• 金柑の蜜煮のシロップ…適量

作り方
1　金柑はヨコ半分に切って種を取り除き、やや細かく切ります。
2　器に1を盛りつけ、バニラアイスクリームを添えます。
3　バニラアイスクリームの上に、金柑の蜜煮のシロップをかけます。

展開レシピ　金柑の蜜煮の作り方は95頁

干し柿の作り方は96－97頁

干し柿入りなます

干し柿はデザートだけでなく、和のおかずにも。ほんのり甘い甘酢が干し柿によく合うひと皿です。仕上がりが水っぽくならないように、野菜をしっかりしぼります。

材料（作りやすい分量）

- 干し柿…1～2コ　•大根…5cm分　•かぶ…2コ
- れんこん…100g　•塩…小サジ1杯
- 酢、砂糖…各カップ1/4杯　•柚子の皮…適宜

作り方

1　れんこんはピーラーで皮をむいて、太い場合はタテ半分にしてうす切りにし、水にさらします。

2　大根とかぶは3mm位のうす切りにしてから細切りに、干し柿は1cm幅、3cm長さに切ります。

3　大根とかぶは塩をして軽く混ぜ合わせ、しんなりするまでおきます。

4　れんこんは酢少々（分量外）を加えた熱湯でさっとゆで、ザルに上げておきます。

5　酢と砂糖を合わせて甘酢を作っておきます。

6　大根とかぶをしっかりとしぼり（a）、れんこん、干し柿と合わせて5で和えます（b）。

7　器に盛り、好みで、せん切りにした柚子の皮を散らします。

6-a

6-b

干し柿と黒豆のブランデー和え

干し柿と黒豆、味つけはせずそれぞれの甘味だけ。ブランデーの香りが、控えめの甘さを引き立たせる、大人っぽい和のデザートです。素材の組み合わせの妙がおいしさの理由です。

材料（1人分）
- 干し柿…1コ
- 黒豆（煮豆）…5～6粒
- ブランデー…少々

作り方
1 干し柿は1～2cm角ほどの大きさに切ります。
2 小さめのボールなどで干し柿と黒豆を合わせ（a）、ブランデーを加えてよく和えます（b）。

◎ポイント
黒豆はものによって大きさが少し違います。黒豆の大きさに合わせて、干し柿を切ってください。大きさをそろえると、味のバランスと食感がよくまとまります。ブランデーは風味づけです。入れすぎると味わいが変わってしまいますので、注意してください。

2-a

2-b

展開レシピ　干し柿の作り方は96-97頁

（左）酸味がまろやかな富士酢がお気に入り。五目ちらし寿司に使った寿司酢も、富士酢のもの。（右）10年来愛用する圧力鍋。

高山なおみさんの自家製のコツ

◎特別な道具がなくても大丈夫

今回のレシピは、ふだん使いの調理道具で作れるものばかりをご紹介しました。道具の中でおすすめといえば、ひたし大豆（14頁）や、煮豚と煮玉子（18頁）で使った鍋でしょうか。これは圧力鍋なのですが、わたしは「大きな鍋」として、圧力鍋以外の用途でもひんぱんに使っています。たとえば、麺類や野菜などをたっぷりの湯でゆでたいときも便利ですし、厚手なので、今回のように豆や肉などをじっくり煮込みたいときにも役立ちます。

道具は、用途に沿っていろいろな種類をそろえなくてもよいのではないでしょうか。むしろ、ひとつの道具をいろいろに使う、そんな工夫のほうが楽しい。料理の基本は工夫ですから。

◎気に入った調味料を使い続ける

玉ねぎドレッシング（10頁）は、わたしが朝食のサラダに使う定番で、玉ねぎやお酢などの分量はすっかり頭に入っています。でもこれは、うちでいつも使っている酢の場合のベストな分量。好みの問題ですが、ほかのお酢に替えたら、酸味がやや強いように感じました。いまはお酢ひとつとってもいろいろな商品がありますが、まずは気に入った調味料を見つけ、それを地道に使い続けながら、「自分の味」を育てていってほしいと思います。調味料は一度開封すると味が落ちるので、ひとつをきちんと使いきるほうが、おいしく食べきれるというよさもありますね。

日本酒、しょう油、塩、砂糖、みりん、酢、みそ、サラダ油、ごま油、オリーブ油——この基本の調味料さえ持っていれば、たいていのものは作れます。自分の手でいろんなバリエーションが作れる、それは何ものにも代えがたい喜びです。

（左）大豆は一度にたくさんゆでて冷凍庫へ。（右）容器は中身に合うものを使えるよう、さまざまなサイズをそろえている。

◎空き容器をストック

満月玉子（12頁）やひたし大豆のように、汁気があるものや、ある程度長く保存するものには、密閉できる既製の保存容器や保存ビンはもちろん便利です。でも、むしろわたしがよく使うのは、すぐにたまってしまうようなジャムの空きビンや、においのつきにくい食品が入っていた、フタつきのプラスチック容器などですね。よく洗って日光にあてて乾かし、いつでも使えるように、戸棚にたくさんストックしてあります。こうした空き容器は容量もさまざまで、大小いくつも数をそろえておくと、案外重宝するものです。

たとえばわが家は、友人たちが遊びに来て、みんなで料理を味わうことがよくあります。そんなときに空き容器は、残ってしまった料理を小分けにして詰め、気軽なお土産として持ち帰ってもらうのにもぴったりなんです。

◎保存期間や冷蔵庫を過信しない

家庭で作って保存するものは、保存料などを使わないぶん、市販の食品と比べて日持ちしないものがほとんどです。また、ご紹介した生いくらのしょう油漬け（8頁）は、市販品より塩分をぐっと控えているので、日持ちは1週間ほど。短いと思われるかもしれませんが、市販品にはないフレッシュな味わいを楽しめるわけですから、長期保存ができないことも自家製のよさのひとつだと思います。

保存する自家製食品に大切なことは、新鮮な材料を買い、買ってきたらなるべくすぐに調理すること。それから、レシピにある保存期間は、あくまでも「めやす」です。みなさんが調理する状況は、季節も含めていろいろでしょうし、冷蔵庫の保存状況も、ドアの開け閉めの回数などによって変わってきます。冷蔵庫を過信せず、食べる前にまず、自分の鼻と目を働かせて判断する習慣をつけてください。まだ食べられるものを無駄にすることも、どうぞしないでくださいね。

写真　齋藤圭吾

（左）調味料は引き出しに収納。スパイスはそろいの空き缶に入れてラベリング。（右）蒸し器とベトナム製のザル。どちらも大きめ。

ケンタロウさんの自家製のコツ

◎日々活躍する、蒸し器とトング

自家製に限らず、ひとつ持っていると重宝する道具は蒸し器です。ぼくは自宅に電子レンジがないので、冷凍ご飯も蒸し器で温めますが、おいしいですよ。手持ちの鍋にセットする簡易蒸し器もよく使いますが、今回のコンビーフ（52頁）は長時間蒸すので、水がたっぷり入るものが必要です。もちろん、大きな鍋にセイロをのせても大丈夫。それから、干し大根（47頁）のような干すものは、重ならないように並べたいし、乾燥するまでは体積もあるので、大きめのザルがあると便利です。

案外活躍するのがトング。今回はジャムのビンを煮沸するときに使いましたが、ソテーしたり、煮込んでホロホロになった肉を取り出したり、パスタを盛りつけたりと、日常の料理でもいろいろと使えます。

◎スパイスで料理の幅を広げる

調味料は、どこでも買える一般的なものを使っています。しょう油なら、某メーカーの一番安価な赤キャップです。塩はうま味が強過ぎず、しっかりとしょっぱい海塩。ピクルス（48頁）の酢も、うま味を含んだワインビネガーや穀物酢ではなく、ストレートな酸っぱさの米酢を使っています。ぼく自身がそれで育ったことが大きいのですが、調味料は味に主張がないほうが素材を生かせるし、変わらず買える調味料を使い続けたほうが、いつもの料理の味が決まりやすいように思っています。

一方で、ひんぱんに使わなくても、スパイスを何種類かそろえると料理の幅が広がります。スパイスには、それでしか出せない味がある。たとえば今回のきゅうりのピクルスにクローブを入れなければ、単なる酢漬けになってしまいます。初めはとにかく試してみて、味を覚えること。開封すると風味が落ちていくので、どんどん使ってみてください。

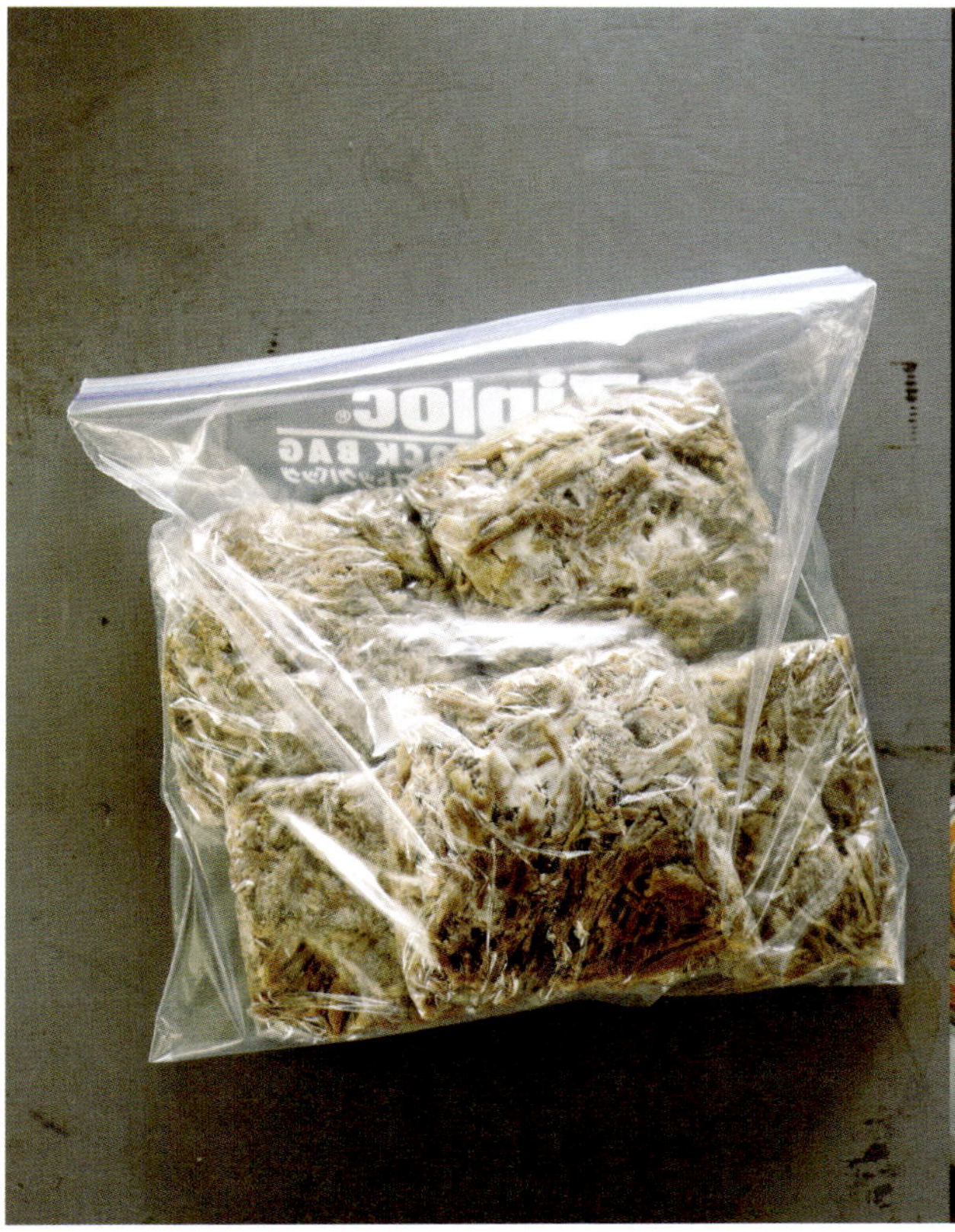

（左）コンビーフは、ラップに100ｇずつ包んで保存する。（右）空きビンをはじめ、容器はどれもよく使い込んだものばかり。

◎あれこれ使える厚手の保存袋

保存容器として一番よく使うのは、空きビンですね。パッキンのついた既製品も使いますが、フタつきの空きビンが出ると、特にあてもなく取っておきます。フタによほど気に入らない絵柄がついている場合は、やすりで削ったりもしますが、これはただの個人的な好みの問題です（笑）。空きビンはサイズもいろいろあって、何か作ったものを人にあげるときにも便利ですね。ジャムなどは、ぴったり入ったほうが密閉状態になって日持ちもするし、ビンごと冷凍もできます。

　それから、ジッパーのついた厚手の保存用ポリ袋もよく使います。今回のコンビーフのように何かを漬け込む場合、上下を何度か返したり、ストローなどで空気を吸い出して密閉状態にできる。これは保存容器にはない利点です。丈夫で、酸味のあるものを漬け込んでも問題なし。冷蔵庫の中で場所を取らないのもいいですね。

◎保存の仕方を工夫してみる

　自家製のよさのひとつは、素材から自分で作るゆえに、安心できること。でも、それは裏を返せば、自分で作ったものには自分で責任を取らなければならない、ということです。ジャムやピクルスなどは、食品添加物は入っていませんから、日が経つにつれて色合いも変化し、しだいになじんだおいしさになります。それは既製品にはない楽しさですが、一方で、保存期間のめやすはあくまで自分で決めることです。自分で保存状態にきちんと気を配ることが大切なんですね。

　心がけたいのは、使い勝手よく保存すること。たとえば、一度にたくさん作るコンビーフなどは、冷凍と冷蔵の半々で保存すると便利ですが、さらに、一回で使う１００ｇなどの単位で小分けにし、保存用ポリ袋に入れるといいでしょう。冷凍した塊の状態から切り出すのは使い勝手が悪く、そのたびに湿気や雑菌が入り込みます。せっかく作ったものですから、ぜひ、作りたての味わいを最後まで保つ工夫をしてみてください。

写真　木村 拓

（左）保存食や和食には粗塩、洋の料理にはフランスの海塩、と使い分ける。（右）天日干しには大小さまざまなザルが重宝する。

飛田和緒さんの自家製のコツ

◎ザルと鋳鉄鍋が重宝します

わたしは、漬けものや干ものなどの保存食をよく作るので、平ザルをよく使います。今回ご紹介した白菜キムチ（90頁）でも使っていますが、漬けものの下ごしらえとして、ザルで天日干しをすることも多いですね。干しいもや干し野菜などもよく作ります。干すものの大きさや量に合わせて、大中小といくつかの大きさのザルをそろえると便利です。

また、ふだんの料理とは違って、保存食や作り置き料理などでは、時間をかけてじっくりと煮詰めたり、うま味を閉じ込めたりします。そうした弱火で長時間煮込むようなときには、重みがあってフタがしっかり閉まる、厚手の鋳鉄鍋があると重宝します。鋳鉄の鍋は、熱が全体に均一に回りやすく、長い時間弱火にかけておけます。アルマイトやステンレスなどの薄手で軽量な鍋では、火のあたる箇所とそうでない箇所で熱の伝わりの差が大きく、なかなかうまくできません。

ただ家庭では、特別な道具をそろえなくても、大きなザルがなければ小分けにして干すとか、重い鍋がなければ、フタに重石をするなど、あるもので工夫することも大切です。

◎調味料はたっぷり使えるものを

特に保存食は、さっと調理して素材の味を生かすというより、じっくりと味をしみ込ませたり、熱を入れたりして作るものです。塩をはじめ、調味料もたっぷり使うことが多いので、気兼ねなく使えるものがいいですね。調味料の味をそのまま楽しむものではありませんから、あえて上等なものでなくてよいと思います。たとえば、お刺身に使うしょう油や和えものに使う塩と、保存食に使うものは使い分けます。もちろん、余計な添加物などが使用されていないものであることが前提です。

（左）毎年作っている、梅干し、梅酢、梅酒、みそなどは室内の冷暗所に。（右）いろいろなフタつきのホウロウ容器が活躍。

◎ホウロウ容器がおすすめ

漬けものやみそなど保存食や調味料のレシピには、保存性を高めるために塩や酢などを使うものが多いので、その容器には、酸に強く腐食しにくいものが適しています。わたしは、保存食にはホウロウ容器を、調味料や果実酒、ジャムなどにはガラス容器を使っています。ガラス容器は、市販の保存容器のほか、ジャムなどの空きビンをとっておいて使います。その場合、フタのパッキンが劣化していることがあるので、状態を見て取り替えます。

特に、ホウロウ容器はいろいろな形や大きさのものを使っています。保存容器としてだけでなく、直接火にかけて調理道具としても活用できるのがいいですね。たとえば、漬けものなどに使っている「ラウンドストッカー」は、大きめの鍋として、鶏ガラでたっぷりのスープをとるのにも使えて便利です。何かひとつの用途だけでなく、いろいろな使い道に応用できることは大きな利点です。たくさんのものをそろえることよりも、やはり、あるものを工夫して使うことが大切だと思います。

◎おいしく食べきれるように

仕込みに長い日数がかかるものは、最初は腐らせてしまったりしないかと不安になるかもしれません。でも、昔はどこの家庭でもふつうに作られてきたものですから、失敗を恐れず、気負わずに作ってみていただきたいですね。

また、保存食や常備菜などで大切なのは、おいしいうちに食べきれる量を見極めて作ることです。さらに、仕込んだ大きな容器のままではなく、短期間で使いきれる量に小分けにして保存することをおすすめします。使うたびにフタを開けて直接取り出すのは、傷む原因になりますから。保存食などのレシピの多くはシンプルです。ちょっとした手間と時間が、複雑でおいしい味わいにしてくれるものなのです。

写真　齋藤圭吾

随筆

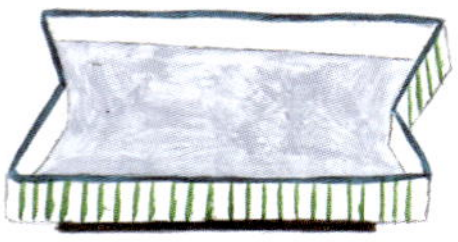

ポケットをたくさん

栗原はるみ

「初めて買った料理本が、栗原さんの『ごちそうさまが、ききたくて。』だったんですよ」

そんなふうに目を輝かせて話してくださる方に、わたしはこれまでどれだけ出会ったことでしょう。一緒に頁を繰って、「これも、それも作りました」「この料理はすごくおいしくできたんです」なんて言われると、しみじみとうれしくなってしまうのです。ああ、わが家の『ごちそうさま』が、みんなの『ごちそうさま』に育っているんだなあ、と。

この本が世に出たのは20年前、わたしが45歳のときのことです。これが売れなかったら、料理家の仕事はもうやめよう——実は、そう思っていたのです。仕事がなかったわけではなく、雑誌に掲載されるレシピの依頼はたくさんいただいていました。でも、それはたとえば「お寿司を15種作ってほしい」といったお仕着せの仕事で、一生懸命こなしても、あとで自分に問いかけてしまうのです。「それは全部、本当に自信を持ってすすめられる料理なの?」と。このままでは、次々と消費されるレシピを作り続けるだけ。もっと自分らしいレシピを、ありのままに伝えたい。悩んだ末に作ったのが、この本でした。

このなかには、わたしが結婚してから家族のために作ってきた料理ばかりが、さまざまなエピソードとともに詰まっています。たとえば、冷蔵庫に何もないときに急なお客さまが見えたら、何を作るか。わが家なら、チャーハンや野菜炒めに半熟玉子をふわりとのっけて、何となく見栄えをよくしてごまかします(笑)。それから、手間をほんのちょっとだけ省いて作る、ビーフシチューやフライドチキンといった定番メニュー。作り置いておけばいろんな料理の調味に使える「そうざいだれ」や、電子レンジを活用した下ごしらえ……。わたしが料理の仕事を始めたのは、子育て真っ最中の35歳のときでした。どんなに忙しい日々のなかでも、家族に最高においしいごはんを食べさせたい。ぜいたくな食材を使わなくても、アイデアひとつ、盛りつけひとつで食卓は楽しくなるって伝えたい。この本が長く愛されているのは、そんなわたしの思いを読者のみなさんが汲んでくださっているからなのでしょう。

いまでも一年に４００点くらいのレシピを考えますが、残った食材から発想したり、あるもので工夫するといったところは変わりません。家庭料理には、大きくふたつがあっていいと思います。ひとつは、ゆったりとした日に一から作る、本当のおいしさ。たとえばトマトソースなら、完熟トマトの種をていねいに取り除き、じっくりと煮込んで作ってみる。一方で、電子レンジで作るトマトソースというような、あまり手をかけないのだけれど、充分においしくできる方法も会得しておくといいですね。その日の状況によって使い分けられるように、いろんなアイデアが入ったポケットをいっぱい持つのは心強いものです。料理は作る楽しみがあるばかりではなく、暮らしも、人生も楽しくしてくれる。ちょっと大げさかもしれませんが、わたしはそう信じています。(談)　(くりはらはるみ・料理家)

絵　秋山花

真味不只淡《しんみただたんにあらず》

神田裕行

ぼくが料理人になったのは、料理屋を営む家に生まれ、家業を継ぐのは当然と思っていたから――ただそれだけなんです。うちの味で思い出すのは、母親がていねいに下ごしらえして作る茶碗蒸し。蓋を開けると椎茸と柚子がふわっと香り、銀杏やかまぼこ、百合根や鶏肉が次々出てくるそれは、ぼくにとってすごくすてきなごちそうでした。よく配膳を手伝ったものですが、あつあつの茶碗蒸しを運ぶときのうきうきとした気持ち、そしてそれが手つかずで残されていたときの悔しさは、忘れられません。「こんなにおいしいのに」ってね。料理を残されたくない、おいしいうちに食べてほしい。考えてみると、それがいまの根っこになっているのかもしれません。

思えば、十八歳で修業を始めたときから、カウンターが好きでした。まだ半人前だったけれど、お客さんとコミュニケーションをとるのが好きだったんです。できたての料理をパッと出し、温かいものは温かいうちに、冷たいものは冷たいうちに味わってもらう、その距離感も。お帰りになるお客さんに「どうでしたか?」と尋ねれば、「おいしかったよ」と返してくれるものですが、本当の答えは、味わっているときの表情に表れるものです。「ああ、おいしい」と思わずこぼれる笑顔も、「あれっ」という怪訝な顔も、カウンターの距離なら、手に取るようにわかる。お客さんは嘘をつけないし、ぼくも手抜きはできない。日々途切れることのないそんな緊張感が好きで、カウンターこそが自分の居場所だと思うようになりました。まあ、「カウンター一喜一憂人生」とでも言えばよいでしょうか。

店の若い人によく話すのは、「料理と調理は違う」ということです。毎日、同じ1・5キロの鯛を仕入れても、一匹として同じ鯛はない。だって、自然界のものですから。それを最終的に同じ味、自分の思うクオリティーにもっていくのが料理、何が来ても同じ手順でやろうとするのが調理です。それから、「一流」と「高級」も同じではありません。ご飯もじょうずに炊けば一流のおいしさにできる。一方、伊勢海老やフォアグラなどの高級食材を使っていても、三流な料理は巷にあふれていますよね。旬の鮎に塩して香ばしく焼き、すぐさま出すように、質のよいものに最小限の手を加えて、最高のタイミングで味わってもらいたい。さらに手を加えて自己を表現したいという気持ちが湧いても、ぐっと抑えてシンプルな上質を追求したい。ぼくの思う日本料理は、そうした引き算の美学に貫かれています。

そんな思いで、若いころに知った言葉、「真味只是淡《しんみただこれたん》」をずっと座右の銘にしてきました。「本当の味は、ただ淡いなかにあり」ということですね。ところが最近、台湾人のお客さんが、「君の料理は〝真味不只淡〟だね」と言ってくださったんです。真味ただ淡にあらず。すなわち、ただ淡いだけでなく、その奥にもっと深いものがあるということ。うれしかったですね。日本料理は、両親が与えてくれた宝物だと思っています。そしていまでは、ぼくの人生そのものです。(談)

（かんだひろゆき・日本料理店店主）

森羅《しんら》サラダと魔女ドレッシング

桐島洋子

私が昔『文藝春秋』で働いていた頃、『暮しの手帖』の花森安治編集長が、わが親分の池島信平編集局長と大の仲良しで、よくふらりと遊びにみえた。ある日「ほいよ、出来立て」と手渡された『暮しの手帖』を開いた途端、「ポテトサラダは下《げ》の下《げ》」という激烈な大見出しにぶっ飛んだ。いろんな料理の端っこに頼みもしないのにグシャッとくっついてくる、あのポテトサラダなるものの品性を蔑んでやまない私だから、ああよくぞ言って下さったと共感の嵐だったのだ。

ただしポテトに罪は無く、排斥したいのはマヨネーズの方である。健康の大敵、トランス脂肪酸の巣窟だということが今や常識になったので、それみたことかと凱歌を挙げているのだが、テキはますます大活躍だ。マヨネーズが嫌ならドレッシングはどうかと言えば、これも滅多に気に入らない。近頃は出来合いドレッシングが百花斉放で、我家にも時折贈物として舞い込むが、たいてい妙に甘ったるくて相手にされない。

そもそも私はサラダに恋をしたことのない女だった。コンビネーション・サラダの姑息な画一性たるや、幼稚園お受験ママの清く正しい「制服」みたいで気恥ずかしいし、アメリカの食卓にドカッと現れる荒々しいグリーン・サラダなんて、「これマグサじゃん」と、見ただけでへこたれ、『野蛮なアメリカ人』という本でも書きたくなる。

そんな憎まれ口を叩いていた私が、最近まさにマグサ級の大サラダを毎日むさぼり食べる野蛮な女に変身したということで、やっと本題に入る。実はコレステロールの数値が異常に高く薬の服用を医者に勧められたが、私は筋金入りの薬嫌いだから、できたら食養生で済ませようと思い真剣なダイエット作戦に突入したのだ。

もともと野菜はいっぱい食べているが、敢えてサラダも重用し始めたのは、カナダの栄養学者で油の功罪に通暁したウド博士が必須脂肪酸のオメガ3と6を中心に処方した食養油「ウドズ・オイルブレンド」（加熱できないので料理には使わず、一日大匙一、二杯を薬として飲む人が多い）を美味しく服用するべく、私が考案した、「魔女ドレッシング」を使いたいからである。これは人参一本、玉葱一個、ニンニク一片、ビネガー一カップ、塩胡椒少々をフード・プロセッサーにかけて冷蔵（数日はもつ）しておき、サラダを食べる直前に必要量だけをウドズ・オイルと合わせる。野菜は有り合わせを総動員。ともかく野菜腹を張らせようという野菜丼で、御飯に相当するのが嵩高い千切りキャベツ、そして貝割れ、トマト、アボカドなどが常連。チコリやクレソンがあればさらに上等だし、サッと茹でたカリフラワー、ブロッコリー、インゲンなども結構だ。タンパク質として納豆やシラス。鰹のたたきやヒレカツの残り物を刻んで入れたのもよかった。香りつけに香菜、紫蘇、茗荷なども大歓迎。カリッと爽やかな食感のナッツ、特にキャラメライズした胡桃で甘味ちょっぴりのトッピングも嬉しい。これが私の昼食となる「森羅サラダ」である。（きりしまようこ・作家）

マダイの干物

嵐山光三郎

60歳になったとき、東京湾の走水《はしりみず》のアジを釣って干物を作った。走水のアジは浦賀水道の急流、水深70メートルにいて、すばしっこいから船を出して釣るしかない。そのへんをフラフラ泳いでいるボンクラアジとは格が違う。大分の関アジが有名だが、走水のアジはもっとうまい。早潮によって身がしまっている。釣ったアジを船上で開いて、歯ブラシで腹の部分をこするところが船上干しのポイントで、脂肪や汚れをとる。

それを塩水に30分ほど漬けるのだが、海水をはったポリバケツにひと握りの塩を加える。この塩加減が難しい。サツマイモを輪切りにして、浮きあがったくらいの濃度がいい。ほどよく塩がアジの身にしみこんでいく。

塩水に漬けたアジの開きの頭を洗濯ばさみではさんで、船上にはったヒモに吊るしておくと、沖揚がりするときはアジの干物が仕上っている。カモメが船の上を旋回して干物を狙うから、網のさきで追い払うことも忘れない。海風を浴びた干物は、そりゃもう、全身がよじれるくらいうまい。ほのかな塩味で、アジの身のふんわりとした食感と香りがセクシーだ。

一度この干物の味を覚えるとやめられなくなり、新島へ行ってシマアジを狙った。シマアジのアタリはゴゴゴーンと強力な引きがあって竿をとられそうになった。1・5キロのシマアジは、開いてから40分ぐらい塩水に漬けて干した。天然シマアジは通称テンシマといって、寿司屋の高級ネタである。テンシマと称して、じつは養殖もののシマアジを出す店が多い。そのシマアジを干物にしてしまうところにエクスタシーがあるのです。この干物は、どこの魚屋でも売っておりません。

いろいろ試したくなって、イサキ、キス、ヒラメ、カサゴ、タチウオとやってみた。こうと思うとやめられなくなる性分で、干物にするとお刺身とはまた違った味が出てくる。船上干しした干物を持ち帰って、冷蔵庫に入れて3日間熟成させると旨味がますこともわかった。

日本海の上越沖では2キロのマダイが釣れる。タイは好奇心が強く、すぐ寄ってきて仕掛けの様子をさぐるのだ。歯が鋭く、へたをすると指を噛み切られてしまう。口が松本清張の唇みたいにぶ厚く、潮通しのいいところを悠然と泳いでいく。

出刃庖丁を使わないと、マダイは開けません。まず、ウロコを丁寧にとって、硬いかぶとをスパーンと二つに割り、中骨ぞいにゆっくりと開いていく。背開きにする。内臓を海に捨てると、小魚が寄ってきて食べます。

マダイは脂がびっしりとのっている。一本90円の歯ブラシで身の内側をみがいていく。黒い血あいをこするとピンク色の身があらわれる。淡い塩水に50分ぐらい漬けるといい味になる。魚の大きさによって塩加減を変える。ピーカンでよく晴れた日よりも、薄曇りのほうが上等品になる。干物は知りあいの料理店で焼いて貰ったが、でかいので手こずった。焼きたてのマダイの干物は、ひと口ほおばるとオオオオーッと唸るほどおいしい。

（あらしやまこうざぶろう・作家）

お酒漬けのドライフルーツ

伊藤まさこ

実家の台所脇の納戸には、子ども心にわくわくするようなものがたくさんしまってありました。買い置きのおやつ、酒屋さんが届けてくれる瓶入りのオレンジジュース、フルーツの缶詰……でも小さなわたしが何よりときめいたのは、棚のすみっこの方に置いてあった、ドライフルーツのブランデー漬けが詰まった瓶でした。

もちろん子どもですからそのまま食べるわけではありません。わたしの目当ては、そのお酒漬けのドライフルーツがたっぷり入ったパウンドケーキなのでした。母は時々、納戸からこの瓶を出してきては、刻んだレーズンやいちじくを足し入れ、その上からブランデーをとぷとぷと注ぎ入れ……いつも瓶の中が半分以下になると、この作業を繰り返していたようです（まるで、老舗の鰻屋さん秘伝のたれのようですね）。

「まだかな、まだかな……？」オーブンの窓を覗きこみながら、ちょこまかと動き回るわたしは、台所仕事をする母にとって迷惑な存在だったに違いありません。けれども、焼きたてのケーキのはじっこを薄く切り落とし「味見ね」といいながら口に運んでくれるのが、とってもうれしくて。じつはこの味見を待っていたのですけれど。

レーズンにマンゴー、いちじく。わたしも納戸にはいつも数種類のドライフルーツを用意しておき、お腹が空いた時につまんだり、ヨーグルトの上にのせたり、チーズと一緒にいただいたりしています。カレーにはレーズン、クスクスのスープにはデーツやいちじくを必ず入れて。たまに入れ忘れると、なんだか一味足りないような、物足りないような……そんな気になってしまうほど。こうしてみると、ドライフルーツは、自分で思っている以上にわたしの食生活の中に深く入り込んでいるようです。小さな頃から親しんだ味だからなのでしょうか。

もちろんわたしも母を真似て、ドライフルーツのお酒漬けを作っています。半端に余ってしまったものは、ざっざと刻んで瓶の中へ。ただひとつ母とちがうのはブランデーに限らず、いろいろなお酒を入れるところ。小瓶に入ったキルシュや、残り少なくなったラム酒、時にはグラッパまで。え？と驚かれてしまいそうですが、時間が経つにつれて、こなれた味になると同時により複雑な味わいになっていくのです。これを使って作ったケーキは焼き上がった翌日からが食べ頃。ふんわかとしていた生地は日が経つにつれ、どっしり重く食べ応えのある味に変化していきます。2週間ほど日持ちするので、毎日少しずつ切っては、日を追うごとに変化する味を楽しんでいます。

母に習ったパウンドケーキは、お酒がしっかり効いた大人の味。子どもの頃、この味が好きだったとは……と驚くばかりなのですが、じつは中学生の娘もこのパウンドケーキが大好き。母のようにまめに焼いてあげることはできないけれど、いつか大人になった時、この味を懐かしんでくれたらいいな、ドライフルーツたっぷりのパウンドケーキを自分で焼いてくれたらいいな……なんて思っています。（いとうまさこ・スタイリスト）

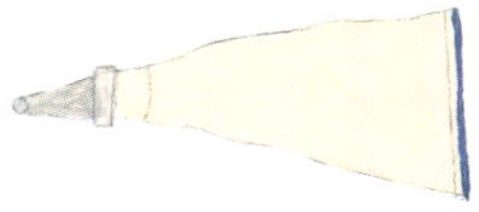

レモンづくし

森 まゆみ

私のこよなく愛する食べ物はピータンと胡麻豆腐である。中華料理は前菜が好きで、くらげ、バンバンジー、チャーシュー、キュウリの酢漬けで紹興酒さえ飲めばいい。海鮮はイカ、タコ、エビ、カニの順で好き。だから旅をするなら海辺がいい。

一九九七年ごろから『「即興詩人」のイタリア』を書くために四年にわたり何度かイタリアに行った。デンマーク生まれのアンデルセンがブレンナー峠を越えて憧れのイタリアを旅し、そこを舞台に書いた、恋あり、決闘あり、逃避行あり、海難事故あり、即興詩人としての成功あり、の大活劇。それを若き日にドイツ語訳で読んだ森鷗外が感激して九年をかけ日本語に訳した。ややこしい話だが、日本の文語訳としては際立って美しく、文学史上、大きな影響を与えた。

この取材でも、ローマの代赭《たいしゃ》色の土壁と群青色に暮れ行く空を眺めながら、アンティパスト（前菜）でいつまでも白ワインを飲んでいたものだ。そしてオリーブオイルにも様々な味のあることを知った。いい塩とレモンとオイルだけで野菜もタコもいかにうまくなるかを知った。プンタレッレというほろ苦い野菜を知った。なぜかいつも五月で、雨は一滴も降らなかった。

南イタリアに行くと、山の緑の葉陰にレモンやオレンジが点々と灯火のようにともっている。まるでお祭りのランターンのようだ。そしてこのへんまで来ると、私にとって一番おいしい飲み物はワインではなく、清冽なレモンジュース、オレンジジュース。街角のいたるところには半割にした果実から機械でジュースを搾り出すスタンドがあった。

おなじく南への憧れを歌ったゲーテの『ヴィルヘルム・マイステルの修業時代』に「ミニヨンの歌」がある。

レモンの木は花さきくらき林の中に
こがね色したる柑子は枝もたわゝにみのり
青く晴れし空よりしづやかに風吹き
ミルテの木はしづかにラウレルの木は高く
くもにそびえて立てる国をしるやかなたへ
君と共にゆかまし
（森鷗外訳『於母影《おもかげ》』より）

ナポリの港町で銀色の器に乗ったレモンジェラートを食べた。生涯、あんな濃い味のシャーベットを食べたことはない。食後にはレモンチェロという甘い酒を飲んだ。それからレモンを見るたびに、ソレント、アマルフィ、サレルノ、ナポリあたりの青い海と青い空が眼裏にうかぶ。先日ニューヨークに行ったらイータリーといってイタリアの食材を売りながら食べさせるマーケットがあった。ここで私はレモン味のオリーブオイルを買って来た。毎日のように、サラダはもちろんのこと、生シラス、生桜えび、明太子、タコ、イカにたらして食べている。サッカーの中田英寿選手のいたパルマ産と聞けば、パルミジャーノチーズやハムのおいしかったパルマを思い出して、また五月のイタリアに行きたくなってしまう。

（もりまゆみ・作家）

暮しの手帖の おべんとうのおかず204

暮しの手帖編集部 編

定価 1540円

バリエーション豊かなおべんとうが、手早くおいしく作れると好評の別冊を書籍化しました。大庭英子さんの「定番素材のおかず」50品、川津幸子さんの「朝20分で作るおべんとうのおかず」39品、今泉久美さんの「野菜中心のヘルシーおかず」33品、ワタナベマキさんの「子どもと中高生のおかず」40品、そのほか「付け合わせおかず」26品と「ご飯とパン」16品をご紹介します。

神田裕行のおそうざい十二カ月

神田裕行 著

定価 2420円

『ミシュランガイド東京』で、16年連続三つ星（日本料理で最多）を獲得する「かんだ」主人の神田裕行さんが伝授する、「少ない材料で作りやすい」「適度なうま味だから飽きがこない」「できたても翌日もおいしい」おそうざいの本です。定番、四季の味など62品を収録しています。

一つの料理をまずは三度、作ってみてください。作るほどに、ずっとおいしい「わが家の味」になるものです。

子どもに食べさせたいおやつ

おかあさんの輪 著

定価 1980円

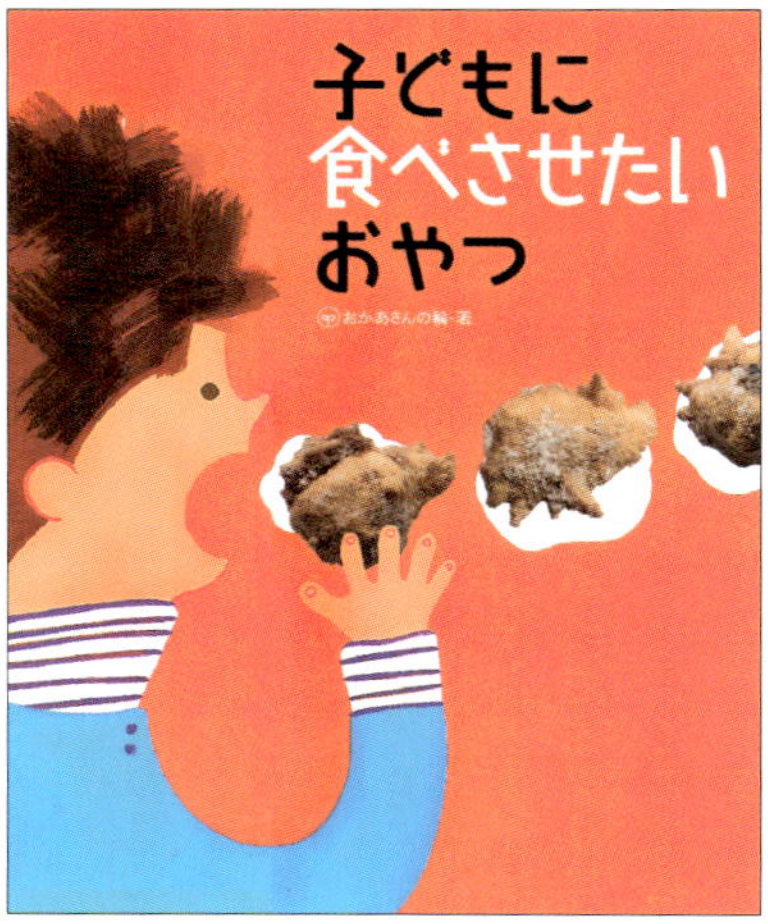

育ちざかりの子どもたちにとって、〈四度目の食事〉ともいえるおやつ。市販のお菓子にたよっていていいのかしら……。そんな危機感を持つおかあさんたちが、試作を重ねた手作りおやつの本です。子どもの味覚と健康を考え、砂糖は控えめにしています。

さっとできる「毎日のおやつ」、家族で楽しめる「週末のおやつ」、記念日には「特別な日のおやつ」。身近な食材を使い、手軽で作りやすいレシピばかりです。

子どもに食べさせたい すこやかごはん

おかあさんの輪 著

定価 1980円

食事を通じて子どもの体質改善に取り組む母親のグループによるレシピ集。好評の『子どもに食べさせたいおやつ』に続く第2弾です。

本書では、食事をお米、味噌汁、お漬けものを土台とした「和食」にするという提案をしています。穀物と野菜を中心にして、たんぱく質は魚介や大豆からとる。できるだけ身近でとれた旬の食材を使う。味つけは素材の味を生かす。

そんな工夫です。もちろん大人もおいしくいただけます。

おそうざい十二カ月

小島信平 料理
暮しの手帖編集部 編
定価 4180円

日本料理の達人といわれた小島信平さんを先生とする、いわば「おかずの学校」です。毎日のおかずをもっと大切にして、ほんの少しの心遣いでずっとおいしいものを作れるように。1956年に『暮しの手帖』でスタートした同名の連載より、201品を選んでいます。編集部が料理を作ってみて、皆で味見をし、好評だったものだけを載せています。贈りものにもおすすめのロングセラーです。

おそうざいふう外国料理

常原久彌、村上信夫、戦 美樸 協力指導
暮しの手帖編集部 編
定価 4180円

『暮しの手帖』に掲載したレシピのなかから、西洋ふう88品、中国ふう77品を選び出してまとめました。初版の1972年から半世紀にわたり版を重ねています。帝国ホテルの村上信夫さん、ロイヤルホテルの常原久彌さん、王府《ワンフー》の戦美樸《せんびぼく》さん。昭和後期を代表する三人の名料理人が、作り方をわかりやすく説明します。巻頭には「料理をはじめるまえに」というアドバイスを収録。多くの料理に応用できる技術が身につきます。

新版 吉兆味ばなし

湯木貞一 著
定価 1760円

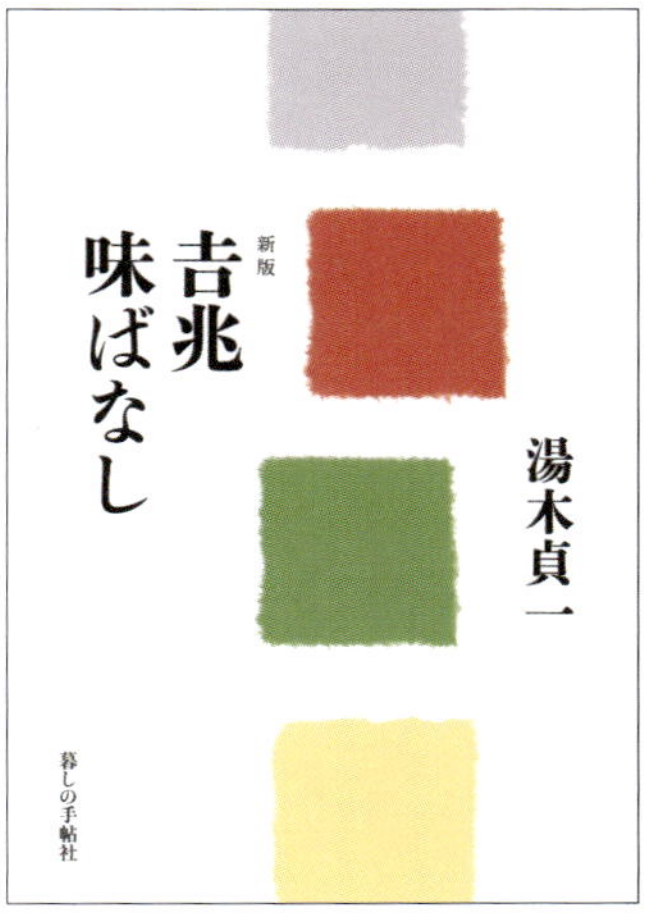

日本料理「吉兆」の創業者である湯木貞一さんが、生涯をかけて得た技を語った名著です。旧版は1982年刊行で、今では「料理人のバイブル」としても読みつがれています。
話の引き出し役は『暮しの手帖』編集長だった花森安治が務めました。季節の食材の生かし方、味の加減や盛り付けなど、日本料理の極意が語られています。吉兆さんの味を家庭で、と願った花森の思いが実った一冊です。

暮しの手帖の評判料理

暮しの手帖編集部 編
定価 1980円

『暮しの手帖』に掲載した、野菜・肉・魚のおかず、ごはんや麺類、スープ・汁・鍋ものなどから、長年にわたり読者に好評だったおそうざい147品を収録しました。ていねいな説明で、これから自炊をはじめる若い方や、食生活でも自立をめざす中高年の男性にも、わかりやすいと定評があります。白菜などの漬けもの12種、料理の基本になる、和風ダシやトリガラスープのとり方、庖丁の正しい研ぎ方も掲載しました。

手づくり調味料のある暮らし

荻野恭子 著
定価 1980円

料理研究家の荻野恭子さんが日々の暮らしに取り入れている、手づくり調味料のレシピ集です。豆板醤やXO醤、コチュジャンに魚醤、ウスターソースなど世界各地の調味料から、米みそやしょう油といった身近なものまで、幅広くご紹介しています。原材料からこだわることができ、保存料などの添加物を使用せずに作れて「安心・安全」。想像以上の手軽さです。調味料を生かした季節ごとの展開料理も重宝します。

暮らしを美しくするコツ509
続 暮らしを美しくするコツ609

暮しの手帖編集部 編
定価 各1320円

『509』は、掃除と収納、もっとおいしい料理、洗濯とアイロン、健康的に続けるダイエット、心地よい睡眠の5つのテーマを収録。『609』は、台所仕事の工夫とアイデア、省エネ生活、食品の冷凍と解凍、手芸・裁縫の知識、美肌のための提案、育児としつけの6つのテーマを収録しました。もしも億劫になったら、それぞれの巻末に付いている「コツのための9のコツ」をご覧ください。

嫁入り道具の花ふきん教室

近藤陽絽子 著
定価 1650円

秋田には、母が娘の幸せを願い、刺し子を施した「花ふきん」を嫁入り道具に持たせる風習がありました。本書では著者の近藤陽絽子さんが、これまで手ずから教えてきた技法をお伝えします。自然や花などの「模様刺し」と、下線を引かない「地刺し」の図案29種を、オールカラーの写真図解付きでご紹介。大切な人や、自らの暮らしを思い浮かべ、ただ無心に針を運ぶ。そんな豊かな時間をお過ごしください。

すてきなあなたに

大橋鎭子 編著
定価 2640円

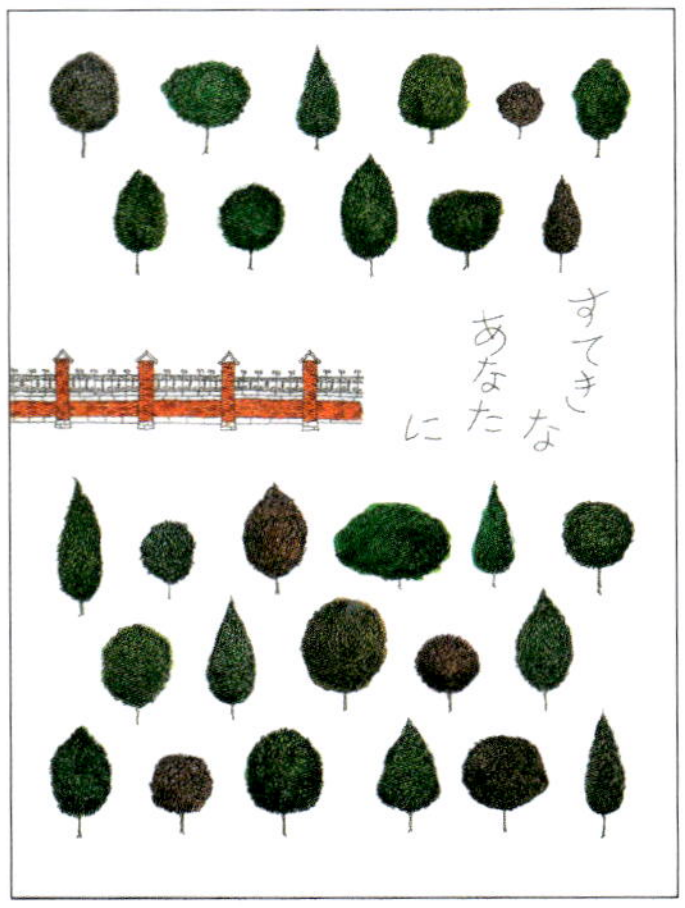

1969年に始まり、現在も続く『暮しの手帖』の連載「すてきなあなたに」。連続テレビ小説『とと姉ちゃん』で主人公のモチーフとなった、暮しの手帖社創業者の大橋鎭子が、長く編集を担当していました。

296編のお話を、月ごとにまとめた全12章。花森安治が装釘した、函入り上製の美しい本です。

おいしいもの、おしゃれをする心持ち、人との関わりなど、暮らしのささやかな出来事とその余韻が心にしみわたります。

小さな思いつき集 エプロンメモ

暮しの手帖編集部 編

定価 1540円

「エプロンメモ」は、1954年から現在まで続いている、『暮しの手帖』の人気連載です。前作から19年ぶりの刊行となる本書では、4世紀1号（2002年）以降に掲載した、628編をまとめています。

食べもの、着るもの、住まいの手入れ、子育て、からだのこと、おしゃれ、人とのお付き合いなど、すぐに試したくなるアイデアと暮らしの楽しさが詰まった、小さな知恵の宝石箱です。

巴里の空の下オムレツのにおいは流れる

石井好子 著

定価 1760円

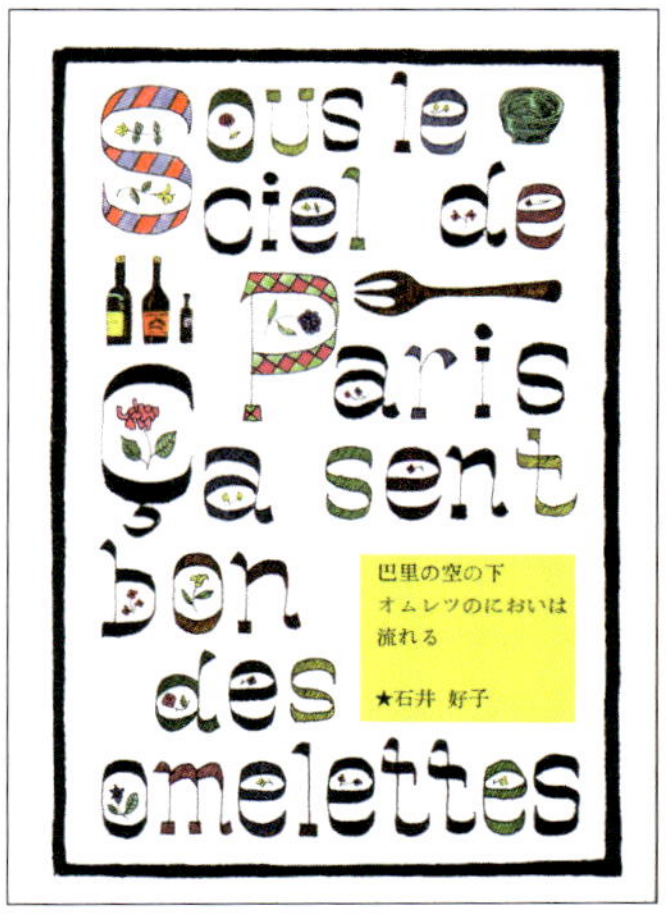

シャンソン歌手として活躍した、石井好子さんのエッセイ集です。1954年頃、パリから帰ってきた石井さんに「あなたは食いしん坊だからきっとおいしそうな文章が書けるよ」と編集長の花森安治が声をかけ、『暮しの手帖』での連載が始まりました。

1963年に単行本化し、同年には「日本エッセイストクラブ賞」を受賞。石井さんの鼻唄が聞こえて来るような、とってもおしゃれで、楽しい名作です。

美しいものを

花森安治のちいさな絵と言葉集

暮しの手帖編集部 編

定価 1760円

花森安治が『暮しの手帖』の編集長を務めた約30年間に、誌面に描いた挿画は、大小合わせて数千点に及びます。緻密な線から美しさやユーモアが生まれ、誌面に華やかさを加えました。挿画は、『暮しの手帖』らしさをかもしだす、大切な要素でした。

本書には、膨大な「ちいさな絵」から、線画を中心に約500点を集め、花森が残した暮らしにまつわる言葉を添えています。花森の美学の結晶をお楽しみください。

昔話の扉をひらこう

小澤俊夫 著

定価 2000円

人間の声は、相手の心に深く残り、人生を支える力があると語る、昔話研究の第一人者、小澤俊夫さん。スマートフォンやテレビを見る時間が長くなった今、子どもたちに生の声で物語を聴かせる機会は、いっそう大切になっています。人と人とをつなげる力、人生観や自然観、子育てのヒントなど、昔話が育むゆたかな世界へ、あなたをご案内します。

特別収録 ◎小さなお話集 全17話

◎二人の息子との初めての鼎談

（小澤淳さん、小沢健二さん）

■表示の価格は、税込（10%）です（2023年11月現在）。

新装保存版　自家製レシピ

二〇二四年九月二十四日　初版第一刷発行

著　者　暮しの手帖編集部

発行者　横山泰子

発行所　株式会社　暮しの手帖社
東京都千代田区内神田一ノ十三ノ一　三階

電　話　〇三－五二五九－六〇〇一

印刷所　ＴＯＰＰＡＮクロレ株式会社

本書に掲載の図版、写真、記事の転載、ならびに複製、複写、放送、スキャン、デジタル化などの無断使用を禁じます。

また、個人や家庭内の利用であっても、代行業者などの第三者に依頼してスキャンやデジタル化することは、著作権法上認められておりません。

落丁・乱丁がありましたらお取り替えいたします。定価はカバーに表示してあります。


ISBN978-4-7660-0241-6　C2077　©2024 Kurashi no techo Co.,Ltd Printed in Japan